LA HENRIADE

DE

VOLTAIRE.

A LA FLÈCHE, DE L'IMPRIMERIE DE P.-J. VOGLET.

LA HENRIADE,

POËME

PAR VOLTAIRE.

PARIS,

Chez ROBERT, Libraire, Quai des Augustins.

1813.

LA HENRIADE.

CHANT PREMIER.

ARGUMENT.

Henri III, réuni avec Henri de Bourbon, roi de Navarre, contre la Ligue, ayant déjà commencé le blocus de Paris, envoie secrètement Henri de Bourbon demander du secours à Elisabeth, reine : d'Angleterre. Le héros essuie une tempête. Il relâche dans une île où un vieillard catholique lui prédit son changement de religion et son avénement au trône. Description de l'Angleterre et de son gouvernement.

Je chante ce héros qui régna sur la France
Et par droit de conquête, et par droit de naissance;
Qui par de longs malheurs apprit à gouverner,
Calma les factions, sut vaincre et pardonner;
Confondit et Mayenne, et la ligue, et l'Ibère,
Et fut de ses sujets le vainqueur et le père.
  Descend du haut des cieux, auguste Vérité,
Répands sur mes écrits ta force et ta clarté;
Que l'oreille des rois s'accoutume à t'entendre;
C'est à toi d'annoncer ce qu'ils doivent apprendre;
C'est à toi de montrer, aux yeux des nations,
Les coupables effets de leurs divisions;
Dis comment la Discorde a troublé nos provinces;
Dis les malheurs du peuple, et les fautes des princes:
Viens, parle; et s'il est vrai que la fable autrefois
Sut à tes fiers accens mêler sa douce voix,
Si sa main délicate orna ta tête altière,
Si son ombre embellit les traits de ta lumière,

Avec moi sur tes pas promets-lui de marcher,
Pour orner tes attraits, et non pour les cacher.

　　Valois régnait encore; et ses mains incertaines,
De l'état ébranlé laissaient flotter les rênes :
Les lois étaient sans force, et les droits confondus;
Ou plutôt en effet, Valois ne régnait plus.
Ce n'était plus ce prince environné de gloire,
Au combat, dès l'enfance, instruit par la victoire,
Dont l'Europe, en tremblant, regardait les progrès,
Et qui de sa patrie emporta les regrets,
Quand du nord étonné de ses vertus suprêmes
Les peuples à ses pieds mettaient les diadêmes.
Tel brille au second rang qui s'éclipse au premier;
Il devint lâche roi, d'intrépide guerrier :
Endormi sur le trône au sein de la mollesse,
Le poids de sa couronne accablait sa faiblesse.
Quélus et Saint-Mégrin, Joyeuse et d'Epernon,
Jeune voluptueux qui régnait sous son nom,
D'un maître efféminé corrupteurs politiques,
Plongeaient dans les plaisirs ses langueurs léthargiques.
　　Des Guises cependant le rapide bonheur
Sur son abaissement élevait leur grandeur ;
Ils formaient dans Paris cette ligue fatale,
De sa faible puissance orgueilleuse rivale.
Les peuples déchaînés, vils esclaves des grands,
Persécutaient leur prince, et servaient des tyrans.
Ses amis corrompus bientôt l'abandonnèrent ;
Du Louvre épouvanté ses peuples le chassèrent :
Dans Paris révolté l'étranger accourut ;
Tout périssait enfin, lorsque Bourbon parut.
Le vertueux Bourbon, plein d'une ardeur guerrière,
A son prince aveuglé vint rendre la lumière :
Il ranima sa force, il conduisit ses pas
De la honte à la gloire, et des jeux aux combats.
Aux remparts de Paris les deux rois s'avancèrent :
Rome s'en alarma; les Espagnols tremblèrent :
L'Europe, intéressée à ces fameux revers,
Sur ces murs malheureux avait les yeux ouverts.
　　On voyait dans Paris la Discorde inhumaine

Excitant aux combats et la ligue et Mayenne,
Et le peuple et l'église, et, du haut de ses tours,
Des soldats de l'Espagne appelant les secours.
Ce monstre impétueux, sanguinaire, inflexible,
De ses propres sujets est l'ennemi terrible :
Aux malheurs des mortels il borne ses desseins :
Le sang de son parti rougit souvent ses mains :
Il habite en tyran dans les cœurs qu'il déchire ;
Et lui-même il punit les forfaits qu'il inspire.

Du côté du couchant, près de ces bords fleuris
Où la Seine serpente en fuyant de Paris,
Lieux aujourd'hui charmans, retraite aimable et pure,
Où triomphent les arts, où se plaît la nature,
Théâtre alors sanglant des plus mortels combats,
Le malheureux Valois rassemblait ses soldats.
On voyait ces héros, fiers soutiens de la France,
Divisé par leur secte, unis par la vengeance ;
C'est aux mains de Bourbon que leur sort est commis :
En gagnant tous les cœurs, il les a tous unis.
On eût dit que l'armée, à son pouvoir soumise,
Ne connaissait qu'un chef, et n'avait qu'une église.

Le père des Bourbons, du sein des immortels,
Louis, fixait sur lui ses regards paternels :
Il présageait en lui la splendeur de sa race ;
Il plaignait ses erreurs ; il aimait son audace ;
De sa couronne un jour il devait l'honorer ;
Il voulait plus encore, il voulait l'éclairer.
Mais Henri s'avançait vers sa grandeur suprême,
Par des chemins secrets, inconnus à lui-même :
Louis, du haut des cieux, lui prêtait son appui ;
Mais il cachait les bras qu'il étendait pour lui,
De peur que ce héros, trop sûr de sa victoire,
Avec moins de danger, n'eût acquis moins de gloire.

Déjà les deux partis, aux pieds de ces remparts,
Avaient plus d'une fois balancé les hasards ;
Dans nos champs désolés le démon du carnage
Déjà jusqu'aux deux mers avait porté sa rage,
Quand Valois à Bourbon tint ce triste discours,
Dont souvent ses soupirs interrompaient le cours.

Vous voyez à quel point le destin m'humilie ;
Mon injure est la vôtre ; et la ligue ennemie,
Levant contre son prince un front séditieux,
Nous confond dans sa rage, et nous poursuit tous deux.
Paris nous méconnaît ; Paris ne veut pour maître
Ni moi, qui suis son roi, ni vous qui devez l'être.
Ils savent que les lois, le mérite et le sang,
Tout, après mon trépas, vous appelle à ce rang ;
Et, redoutant déjà votre grandeur future,
Du trône où je chancelle ils pensent vous exclure.
De la religion, terrible en son courroux,
Le fatal anathème est lancé contre vous.
Rome, qui sans soldats porte en tous lieux la guerre,
Aux mains des Espagnols a remis son tonnerre :
Sujets, amis, parens, tout a trahi sa foi ;
Tout me fuit, m'abandonne, ou s'arme contre moi ;
Et l'Espagnol avide, enrichi de mes pertes,
Vient en foule inonder mes campagnes désertes.
Contre tant d'ennemis ardens à m'outrager,
Dans la France à mon tour appelons l'étranger :
Des Anglais en secret gagnez l'illustre reine.
Je sais qu'entre eux et nous une immortelle haine
Nous permet rarement de marcher réunis,
Que Londre est de tout temps l'émule de Paris ;
Mais, après les affronts dont ma gloire est flétrie,
Je n'ai plus de sujets, je n'ai plus de patrie.
Je hais, je veux punir des peuples odieux :
Et quiconque me venge est Français à mes yeux.
Je n'occuperai point dans un tel ministère
De mes secrets agens la lenteur ordinaire ;
Je n'implore que vous : c'est vous de qui la voix
Peut seul à mon malheur intéresser les rois.
Allez en Albion ; que votre renommée
Y parle en ma défense, et m'y donne une armée.
Je veux par votre bras vaincre mes ennemis ;
Mais c'est de vos vertus que j'attends des amis.

　　Il dit ; et le héros, qui, jaloux de sa gloire,
Craignait de partager l'honneur de la victoire,
Sentit, en l'écoutant, une juste douleur ;

Il regrettait ces temps si chers à son grand cœur,
Où, fort de sa vertu, sans secours, sans intrigue,
Lui seul avec Condé faisait trembler la ligue.
Mais il fallait d'un maître accomplir les desseins :
Il suspendit les coups qui partaient de ses mains ;
Et, laissant ses lauriers cueillis sur ce rivage,
A partir de ces lieux il força son courage.
Les soldats étonnés ignorent son dessein ;
Et tous de son retour attendent leur destin.
Il marche. Cependant la ville criminelle
Le croit toujours présent, prêt à fondre sur elle ;
Et son nom, qui du trône est le plus ferme appui,
Semait encore la crainte, et combattait pour lui.
   Déjà des Neustriens il franchit la campagne :
De tous ses favoris, Mornay seul l'accompagne,
Mornay, son confident, mais jamais son flatteur,
Trop vertueux soutien du parti de l'erreur.
Qui, signalant toujours son zèle et sa prudence,
Servit également son église et la France ;
Censeur des courtisans, mais à la cour aimé ;
Fier ennemi de Rome, et de Rome estimé.
   A travers deux rochers où la mer mugissante
Vient briser en courroux son onde blanchissante,
Dieppe aux yeux du héros offre son heureux port.
Les matelots ardens s'empressent sur le bord :
Les vaisseaux, sous leurs mains, fiers souverains des ondes,
Etaient prêts à voler sur les plaines profondes ;
L'impétueux Borée, enchaînée dans les airs,
Au souffle du zéphir abandonnait les mers :
On lève l'ancre, on part, on fuit loin de la terre.
On découvrait déjà les bords de l'Angleterre :
L'astre brillant du jour à l'instant s'obscurcit ;
L'air siffle, le ciel gronde, et l'onde au loin mugit ;
Les vents sont déchaînés sur les vagues émues :
La foudre étincelante éclate dans les nues ;
Et le feu des éclairs, et l'abîme des flots,
Montraient par-tout la mort aux pâles matelots.
Le héros, qu'assiégeait une mer en furie,
Ne songe en ces dangers qu'aux maux de sa patrie ;

＊＊

Tourne ses yeux vers elle, et, dans ces grands desseins
Semble accuser les vents d'arrêter ses destins.
Tel, et moins généreux, aux rivages d'Epire,
Lorsque de l'univers il disputait l'empire,
Confiant sur les flots aux Aquilons mutins
Le destin de la terre et celui des Romains,
Défiant à la fois et Pompée et Neptune,
César à la tempête opposait sa fortune.
   Dans ce même moment le Dieu de l'univers,
Qui vole sur les vents, qui soulève les mers,
Ce Dieu dont la sagesse ineffable et profonde
Forme, élève, et détruit les empires du monde,
De son trône enflammé qui luit au haut des cieux,
Sur le héros français daigna baisser les yeux.
Il le guidait lui-même. Il ordonne aux orages
De porter le vaisseau vers ces prochains rivages
Où Jersey semble aux yeux sortir du sein des flots:
Là, conduit par le ciel, aborda le héros.
   Non loin de ce rivage, un bois sombre et tranquille
Sous des ombrages frais présente un doux asile:
Un rocher, qui le cache à la fureur des flots,
Défend aux Aquilons d'en troubler le repos:
Une grotte est auprès, dont la simple structure
Doit tous ses ornemens aux mains de la nature.
Un vieillard vénérable avait, loin de la cour,
Cherché la douce paix dans cet obscur séjour.
Aux humains inconnu, libre d'inquiétude,
C'est là que de lui-même il faisait son étude;
C'est là qu'il regrettait ses inutiles jours,
Plongés dans les plaisirs, perdus dans les amours.
Sur l'émail de ces prés, au bord de ces fontaines,
Il foulait à ses pieds les passions humaines:
Tranquille, il attendait qu'au gré de ses souhaits
La mort vint à son Dieu le rejoindre à jamais.
Ce Dieu, qu'il adorait, prit soin de sa vieillesse:
Il fit dans son désert descendre la sagesse.
Et, prodigue envers lui de ses trésors divins,
Il ouvrit à ses yeux le livre des destins.
   Ce vieillard au héros, que Dieu lui fit connaître,

7

Au bord d'une onde pure, offre un festin champêtre.
Le prince à ces repas était accoutumé :
Souvent sous l'humble toit du laboureur charmé,
Fuyant le bruit des cours, et se cherchant lui-même,
Il avait déposé l'orgueil du diadême.
  Le trouble répandu dans l'empire chrétien
Fut pour eux le sujet d'un utile entretien.
Mornay, qui dans sa secte était inébranlable,
Prêtait au calvinisme un appui redoutable ;
Henri doutait encore, et demandait aux cieux
Qu'un rayon de clarté vînt désiller ses yeux.
De tout temps, disait-il, la vérité sacrée
Chez les faibles humains fut d'erreurs entourée :
Faut-il que, de Dieu seul attendant mon appui,
J'ignore les sentiers qui mènent jusqu'à lui !
Hélas ! un Dieu si bon, qui de l'homme est le maître,
En eût été servi, s'il avait voulu l'être.
  De Dieu, dit le vieillard, adorons les desseins,
Et ne l'accusons pas des fautes des humains.
J'ai vu naître autrefois le Calvinisme en France ;
Faible, marchant dans l'ombre, humble dans sa naissance ;
Je l'ai vu, sans support, exilé dans nos murs,
S'avancer à pas lents par cent détours obscurs ;
Enfin mes yeux ont vu, du sein de la poussière ;
Ce fantôme effrayant lever sa tête altière,
Se placer sur le trône, insulter aux mortels,
Et d'un pied dédaigneux renverser nos autels.
  Loin de la cour alors, en cette grotte obscure,
De ma religion je vins pleurer l'injure.
Là, quelque espoir au moins flatte mes derniers jours :
Un culte si nouveau ne peut durer toujours.
Des caprices de l'homme il a tiré son être ;
On le verra périr, ainsi qu'on l'a vu naître :
Les œuvres des humains sont fragiles comme eux.
Dieu dissipe à son gré leurs desseins factieux :
Lui seul est toujours stable ; et, tandis que la terre
Voit de sectes sans nombre une implacable guerre,
La vérité repose aux pieds de l'éternel.
Rarement elle éclaire un orgueilleux mortel.

Qui la cherche de cœur , un jour peut la connaître,
Vous serez éclairé , puisque vous voulez l'être ,
Ce Dieu vous a choisi : sa main , dans les combats ,
Au trône de Valois va conduire vos pas.
Déjà sa voix terrible ordonne à la victoire
De préparer pour vous les chemins de la gloire.
Mais si la vérité n'éclaire vos esprits ,
N'espérez point entrer dans les murs de Paris.
Sur-tout des plus grands cœurs évitez la faiblesse ;
Fuyez d'un doux poison l'amorce enchanteresse ;
Craignez vos passions ; et sachez chaque jour
Résister aux plaisirs , et combattre l'amour.
Enfin , quand vous aurez , par un effort suprême ,
Triomphé des ligueurs , et sur-tout de vous-même ;
Lorsqu'en un siège horrible , et célèbre à jamais ,
Tout un peuple étonné vivra de vos bienfaits ,
Ces temps de vos états finiront les misères ;
Vous leverez les yeux vers le Dieu de vos pères ;
Vous verrez qu'un cœur droit peut expérer en lui.
Allez , qui lui ressemble est sûr de son appui.
      Chaque mot qu'il disait était un trait de flamme
Qui pénétrait Henri jusqu'au fond de son ame.
Il se crut transporté dans ces temps bienheureux
Où le Dieu des humains conversait avec eux ;
Où la simple vertu , prodiguant les miracles ,
Commandait à des rois , et rendait des oracles.
Il quitte avec regret ce vieillard vertueux :
Des pleurs , en l'embrassant , coulèrent de ses yeux ;
Et , dès ce moment même , il entrevit l'aurore
De ce jour qui pour lui ne brillait pas encore.
Mornay parut surpris , et ne fut point touché :
Dieu , maître de ses dons , de lui s'était caché.
Vainement sur la terre il eut le nom de sage ;
Au milieu des vertus l'erreur fut son partage.
Tandis que le vieillard , instruit par le Seigneur ,
Entretenait le prince , et parlait à son cœur ,
Les vents impétueux à sa voix s'appaisèrent ;
Le soleil reparut ; les ondes se calmèrent.
Bientot jusqu'au rivage il conduisit Bourbon :

Le héros part, et vole aux plaines d'Albion.
En voyant l'Angleterre, en secret il admire
Le changement heureux de ce puissant empire,
Où l'éternel abus de tant de sages lois
Fit long-temps le malheur du peuple et des rois.
Sur ce sanglant théâtre où cent héros périrent,
Sur ce trône glissant dont cent rois descendirent;
Une femme, à ses pieds enchaînant les destins,
De l'éclat de son règne étonnait les humains.
C'était Elisabeth; elle dont la prudence
De l'Europe à son choix fit pencher la balance,
Et fit aimer son joug à l'Anglais indomté,
Qui ne peut ni servir, ni vivre en liberté.
Ses peuples sous son règne ont oublié leurs pertes;
De leurs troupeaux féconds leurs plaines sont couvertes,
Les guérets de leurs blés, les mers de leurs vaisseaux:
Ils sont craints de la terre, ils sont rois sur les eaux;
Leurs flotte impérieuse, asservissant Neptune,
Des bouts de l'univers appelle la fortune:
Londres, jadis barbare, est le centre des arts,
Le magasin du monde, et le temple de Mars.
Aux murs de Westminster on voit paraître ensemble
Trois pouvoirs étonnés du nœud qui les rassemble,
Les députés du peuple, et les grands, et le roi,
Divisés d'intérêt, réunis par la loi;
Tous trois, membres sacrés de ce corps invincible,
Dangereux à lui-même, à ses voisins terrible.
Heureux, lorsque le peuple, instruit dans son devoir,
Respecte, autant qu'il doit, le souverain pouvoir!
Plus heureux, lorsqu'un roi, doux, juste et politique,
Respecte, autant qu'il doit, la liberté publique!
Ah! s'écria Bourbon, quand pourront les Français
Réunir, comme vous, la gloire avec la paix?
Quel exemple pour vous, monarque de la terre!
Une femme a fermé les portes de la guerre;
Et, renvoyant chez vous la discorde et l'horreur,
D'un peuple qui l'adore elle a fait le bonheur.

Cependant il arrive à cette ville immense,
Où la liberté seule entretient l'abondance.

D'un vainqueur des Anglais il aperçoit la tour.
Plus loin, d'Elisabeth est l'auguste séjour.
Suivi de Mornay seul, il va trouver la reine,
Sans appareil, sans bruit, sans cette pompe vaine
Dont les grands, quels qu'ils soient, en secret sont épris,
Mais que le vrai héros regarde avec mépris.
Il parle; sa franchise est sa seule éloquence:
Il expose en secret les besoins de la France;
Et, jusqu'à la prière humiliant son cœur,
Dans ses soumissions découvre sa grandeur.
Quoi! vous servez Valois! dit la reine surprise:
C'est lui qui vous envoie au bord de la Tamise!
Quoi! de ses ennemis devenu protecteur,
Henri vient me prier pour son persécuteur!
Des rives du couchant aux portes de l'aurore,
De vos longs différens l'univers parle encore;
Et je vous vois armer en faveur de Valois
Ce bras, ce même bras qu'il a craint tant de fois!
Ses malheurs, lui dit-il, ont étouffé nos haines;
Valois était esclave; il brise enfin ses chaînes.
Plus heureux, si, toujours assuré de ma foi,
Il n'eût cherché d'appui que son courage et moi!
Mais il employa trop l'artifice et la feinte;
Il fut mon ennemi par faiblesse et par crainte.
J'oublie enfin sa faute, en voyant son danger;
Je l'ai vaincu, madame; et je vais le venger.
Vous pouvez, grande reine, en cette juste guerre,
Signaler à jamais le nom de l'Angleterre,
Couronner vos vertus, en défendant nos droits,
Et venger avec moi la querelle des rois.

    Elisabeth alors, avec impatience,
Demande le récit des troubles de la France,
Veut savoir quels ressort et quel enchaînement
Ont produit dans Paris un si grand changement.
Déjà, dit-elle au roi, la prompte Renommée
De ces revers sanglans m'a souvent informée,
Mais sa bouche indiscrète en sa légèreté,
Prodigue le mensonge avec la vérité.
J'ai rejeté toujours ses récits peu fidelles.

Vous donc, témoin fameux de ses longues querelles,
Vous, toujours de Valois le vainqueur et l'appui,
Expliquez-nous le nœud qui vous joint avec lui,
Daignez développer ce changement extrème :
Vous seul pouvez parler dignement de vous-même.
Peignez-moi vos malheurs, et vos heureux exploits.
Songez que votre vie est la leçon des rois.

Hélas! reprit Bourbon, faut-il que ma mémoire
Rappelle de ces temps la malheureuse histoire!
Plût au ciel irrité, témoin de mes douleurs,
Qu'un éternel oubli nous cachât tant d'horreurs!
Pourquoi demandez-vous que ma bouche raconte
Des princes de mon sang les fureurs et la honte?
Mon cœur frémit encore à ce seul souvenir :
Mais vous me l'ordonnez, je vais vous obéir.
Un autre, en vous parlant, pourrait avec adresse
Déguiser leurs forfaits, excuser leur faiblesse :
Mais ce vain artifice est peu fait pour mon cœur;
Et je parle en soldat plus qu'en ambassadeur.

FIN DU CHANT PREMIER.

CHANT II.

ARGUMENT.

Henri-le-Grand raconte à la reine Élisabeth l'histoire des malheurs de la France : il remonte à leur origine, et entre dans le détail des massacres de la Saint-Barthélemi.

Reine, l'excès des maux où la France est livrée
Est d'autant plus affreux, que leur source est sacrée :
C'est la religion dont le zèle inhumain
Met à tous les Français les armes à la main.
Je ne décide point entre Genève et Rome.
De quelque nom divin que leur parti les nomme,
J'ai vu des deux côtés la fourbe et la fureur ;
Et si la perfidie est fille de l'erreur,
Si, dans les différens où l'Europe se plonge,
La trahison, le meurtre est le sceau du mensonge,
L'un et l'autre parti, cruel également,
Ainsi que dans le crime est dans l'aveuglement.
Pour moi qui, de l'état embrassant la défense,
Laissai toujours aux cieux le soin de leur vengeance,
On ne m'a jamais vu, surpassant mon pouvoir,
D'une indiscrète main profaner l'encensoir :
Et périsse à jamais l'affreuse politique
Qui prétend sur les cœurs un pouvoir despotique,
Qui veut, le fer en main, convertir les mortels,
Qui du sang hérétique arrose les autels,
Et, suivant un faux zèle et l'intérêt pour guides,
Ne sert un Dieu de paix que par des homicides !

Plût à ce Dieu puissant, dont je cherche la loi,
Que la cour des Valois eût pensé comme moi !
Mais l'un et l'autre Guise ont eu moins de scrupule

Ces chefs ambitieux d'un peuple trop crédule,
Couvrant leurs intérêts de l'intérêt des cieux,
Ont conduit dans le piège un peuple furieux,
Ont armé contre moi sa piété cruelle.
J'ai vu nos citoyens s'égorger avec zèle,
Et, la flamme à la main, courir dans les combats,
Pour de vains argumens qu'ils ne comprenaient pas.
Vous connaissez le peuple, et savez ce qu'il ose,
Quand du ciel outragé pensant venger la cause,
Les yeux ceints du bandeau de la religion,
Il a rompu le frein de la soumission.
Vous le savez, madame ; et votre prévoyance
Etouffa dès long-temps ce mal en sa naissance.
L'orage en vos états à peine était formé ;
Vos soins l'avaient prévu, vos vertus l'ont calmé :
Vous régnez; Londre est libre, et vos lois florissantes.
Médicis a suivi des routes différentes.
Peut-être que, sensible à ces tristes récits,
Vous me demanderez quelle était Médicis.
Vous l'apprendrez du moins d'une bouche ingénue.
Beaucoup en ont parlé; mais peu l'ont bien connue:
Peu de son cœur profond ont sondé les replis.
Pour moi, nourri vingt ans à la cour de ses fils,
Qui vingt ans sous ses pas vis les orages naître,
J'ai trop, à mes périls, appris à la connaître.
   Son époux, expirant dans la fleur de ses jours,
A son ambition laissait un libre cours.
Chacun de ses enfans, nourri sous sa tutelle,
Devint son ennemi, dès qu'il régna sans elle.
Ses mains autour du trône, avec confusion,
Semaient la jalousie et la division :
Opposant sans relâche, avec trop de prudence,
Les Guises aux Condés, et la France à la France,
Toujours prête à s'unir avec ses ennemis,
Et changeant d'intérêt, de rivaux, et d'amis;
Esclave des plaisirs, mais moins qu'ambitieuse ;
Infidèle à sa secte, et superstitieuse ;
Possédant en un mot, pour n'en pas dire plus,
Les défauts de son sexe, et peu de ses vertus.

Ce mot m'est échappé : pardonnez ma franchise :
Dans ce sexe, après tout, vous n'êtes point comprise ;
L'auguste Elisabeth n'en a que les appas :
Le ciel, qui vous forma pour régir des états,
Vous fait servir d'exemple à tous tant que nous sommes,
Et l'Europe vous compte au rang des plus grands hommes.

Déjà François second, par un sort imprévu,
Avait rejoint son père au tombeau descendu ;
Faible enfant, qui de Guise adorait les caprices,
Et dont on ignorait les vertus et les vices.
Charles, plus jeune encore, avait le nom de roi :
Médicis régnait seule ; on tremblait sous sa loi.
D'abord sa politique, assurant sa puissance,
Semblait d'un fils docile éterniser l'enfance ;
Sa main, de la Discorde allumant le flambeau,
Signala par le sang son empire nouveau ;
Elle arma le courroux de deux sectes rivales.
Dreux, qui vit déployer leurs enseignes fatales,
Fut le théâtre affreux de leurs premiers exploits.
Le vieux Montmorenci, près du tombeau des rois,
D'un plomb mortel atteint par une main guerrière,
De cent ans de travaux termina la carrière.
Guise, auprès d'Orléans, mourut assassiné.
Mon père, malheureux, à la cour enchaîné,
Trop faible, et malgré lui servant toujours la reine,
Traîna dans les affronts sa fortune incertaine ;
Et, toujours de sa main préparant ses malheurs,
Combattit et mourut pour ses persécuteurs.
Condé, qui vit en moi le seul fils de son frère,
M'adopta, me servit et de maître et de père ;
Son camp fut mon berceau ; là, parmi les guerriers,
Nourri dans la fatigue à l'ombre des lauriers,
De la cour avec lui dédaignant l'indolence,
Ses combats ont été les jeux de mon enfance.

O plaines de Jarnac ! ô coup trop inhumain !
Barbare Montesquiou, moins guerrier qu'assassin,
Condé, déjà mourant, tomba sous ta furie.
J'ai vu porter le coup ; j'ai vu trancher sa vie :
Hélas ! trop jeune encor, mon bras, mon faible bras

Ne put ni prévenir ni venger son trépas.
Le ciel, qui de mes ans protégeait la faiblesse,
Toujours à des héros confia ma jeunesse.
Coligny, de Condé le digne successeur,
De moi, de mon parti, devint le défenseur.
Je lui dois tout, madame, il faut que je l'avoue ;
Et d'un peu de vertu si l'Europe me loue,
Si Rome a souvent même estimé mes exploits,
C'est à vous, ombre illustre, à vous que je le dois.
Je croissais sous ses yeux ; et mon jeune courage
Fit long-temps de la guerre un dur apprentissage,
Il m'instruisit d'exemple au grand art des héros :
Je voyais ce guerrier, blanchi dans les travaux,
Soutenant tout le poids de la cause commune
Et contre Médicis et contre la fortune ;
Chéri dans son parti, dans l'autre respecté,
Malheureux quelquefois, mais toujours redouté ;
Savant dans les combats, savant dans les retraites ;
Plus grand, plus glorieux, plus craint dans ses défaites,
Que Dunois ni Gaston ne l'ont jamais été
Dans le cours triomphant de leur prospérité.
Après dix ans entiers de succès et de pertes,
Médicis, qui voyait nos campagnes couvertes
D'un parti renaissant qu'elle avait cru détruit,
Lasse enfin de combattre et de vaincre sans fruit,
Voulut, sans plus tenter des efforts inutiles,
Terminer d'un seul coup les discordes civiles.
La cour de ses faveurs nous offrit les attraits ;
Et, n'ayant pu nous vaincre, on nous donna la paix.
Quelle paix, juste Dieu, Dieu vengeur que j'atteste !
Que de sang arrosa son olive funeste !
Ciel ! faut-il voir ainsi les maîtres des humains
Du crime à leurs sujets applanir les chemins !
Coligny, dans son cœur à son prince fidèle,
Aimait toujours la France en combattant contre elle ;
Il chérit, il prévint l'heureuse occasion
Qui semblait de l'état assurer l'union.
Rarement un héros connaît la défiance :
Parmi ses ennemis il vint plein d'assurance :

★

Jusqu'au milieu du louvre il conduisit mes pas.
Médicis, en pleurant, me reçut dans ses bras,
Me prodigua long-tems des tendresses de mère,
Assura Coligny d'une amitié sincère,
Voulait par ses avis se régler désormais,
L'ornait de dignités, le comblait de bienfaits,
Montrait à tous les miens, séduits par l'espérance,
Des faveurs de son fils la flatteuse apparence.
Hélas! nous espérions en jouir plus long-tems!
    Quèlques-uns soupçonnaient ces perfides présens:
Les dons d'un ennemi leur semblaient trop à craindre.
Plus ils se défiaient, plus le roi savait feindre.
Dans l'ombre du secret, depuis peu Médicis
A la fourbe, au parjure, avait formé son fils,
Façonnait aux forfaits ce cœur jeune et facile;
Et le malheureux prince, à ses leçons docile,
Par son penchant féroce à les suivre excité,
Dans sa coupable école avait trop profité.
    Enfin, pour mieux cacher cet horrible mystère,
Il me donna sa sœur, il m'appela son frère.
O nom qui m'as trompé! vains sermens! nœud fatal!
Hymen, qui de nos maux fus le premier signal!
Tes flambeaux, que du ciel alluma la colère,
Eclairaient à mes yeux le trépas de ma mère.
Je ne suis point injuste, et je ne prétends pas
A Médicis encore imputer son trépas:
J'écarte des soupçons peut-être légitimes,
Et je n'ai pas besoin de lui chercher des crimes.
Ma mère enfin mourut. Pardonnez à des pleurs
Qu'un souvenir si tendre arrache à mes douleurs.
Cependant tout s'apprête, et l'heure est arrivée
Qu'au fatal dénouement la reine a réservée.
    Le signal est donné sans tumulte et sans bruit:
C'était à la faveur des ombres de la nuit.
De ce mois malheureux l'inégale courière
Semblait cacher d'effroi sa tremblante lumière.
Coligny languissait dans les bras du repos,
Et le sommeil trompeur lui versait ses pavots.
Soudain de mille cris le bruit épouvantable

Vient arracher ses sens à ce calme agréable :
Il se lève, il regarde, il voit de tous cotés
Courir des assassins à pas précipités :
Il voit briller par-tout les flambeaux et les armes,
Son palais embrâsé, tout un peuple en alarmes,
Ses serviteurs sanglans dans la flamme étouffés,
Les meurtriers en foule au carnage échauffés,
Criant à haute voix : « Qu'on n'épargne personne ;
C'est Dieu, c'est Médicis, c'est le roi qui l'ordonne ! »
Il entend retentir le nom de Coligny.
Il aperçoit de loin le jeune Téligny,
Téligny, dont l'amour a mérité sa fille,
L'espoir de son parti, l'honneur de sa famille,
Qui, sanglant, déchiré, traîné par des soldats,
Lui demandait vengeance, et lui tendait les bras.

    Le héros malheureux, sans armes, sans défense,
Voyant qu'il faut périr, et périr sans vengeance,
Voulut mourir du moins, comme il avait vécu,
Avec toute sa gloire et toute sa vertu.
Déjà des assassins la nombreuse cohorte
Du salon qui l'enferme allait briser la porte,
Il leur ouvre lui-même, et se montre à leurs yeux
Avec cet œil serein, ce front majestueux,
Tel que, dans les combats, maître de son courage,
Tranquille, il arrêtait ou pressait le carnage.
A cet air vénérable, à cet auguste aspect,
Les meurtriers surpris sont saisis de respect ;
Une force inconnue a suspendu leur rage.
Compagnons, leur dit-il, achevez votre ouvrage,
Et de mon sang glacé souillez ces cheveux blancs
Que le sort des combats respecta quarante ans ;
Frappez, ne craignez rien : Coligny vous pardonne ;
Ma vie est peu de chose, et je vous l'abandonne....
J'eusse aimé mieux la perdre en combattant pour vous.....
Ces tigres, à ces mots, tombent à ses genoux ;
L'un, saisi d'épouvante, abandonne ses armes ;
L'autre embrasse ses pieds, qu'il trempe de ses larmes ;
Et de ses assassins ce grand homme entouré
Semblait un roi puissant par son peuple adoré.

                      ★ ★

Besme, qui dans la cour attendait sa victime,
Monte, accourt, indigné qu'on diffère son crime;
Des assassins trop lents il veut hâter les coups ;
Aux pieds de ce héros il les voit trembler tous.
A cet objet touchant lui seul est inflexible ;
Lui seul, à la pitié toujours inaccessible,
Aurait cru faire un crime et trahir Médicis,
Si du moindre remords il se sentait surpris.
A travers les soldats il court d'un pas rapide :
Coligny l'attendait d'un visage intrépide :
Et bientôt dans le flanc ce monstre furieux
Lui plonge son épée, en détournant les yeux,
De peur que d'un coup-d'œil cet auguste visage
Ne fît trembler son bras, et glaça son courage.

Du plus grand des Français tel fut le triste sort,
On l'insulte, on l'outrage encore après sa mort.
Son corps, percé de coups, privé de sépulture,
Des oiseaux dévorans fut l'indigne pâture ;
Et l'on porta sa tête aux pieds de Médicis,
Conquête digne d'elle, et digne de son fils.
Médicis la reçut avec indifférence,
Sans paraître jouir du fruit de sa vengeance,
Sans remords, sans plaisir, maîtresse de ses sens,
Et comme accoutumée à de pareils présens.

Qui pourrait cependant exprimer les ravages
Dont cette nuit cruelle étala les images ?
La mort de Coligny, prémices des horreurs,
N'était qu'un faible essai de toutes leurs fureurs.
D'un peuple d'assassins les troupes effrénées,
Par devoir et par zèle au carnage acharnées,
Marchaient, le fer en main, les yeux étincelans,
Sur les corps étendus de nos frères sanglans.
Guise était à leur-tête, et, bouillant de colère,
Vengeait sur tous les miens les mânes de son père :
Nevers, Gondi, Tavanne, un poignard à la main,
Echauffaient les transports de leur zèle inhumain ;
Et, portant devant eux la liste de leurs crimes,
Les conduisaient au meurtre, et marquaient les victimes.

Je ne vous peindrai point le tumulte et les cris,

Le sang de tout cotés ruisselant dans Paris,
Le fils assassiné sur le corps de son père,
Le frère avec la sœur, la fille avec la mère,
Les époux expirant sous leurs toits embrâsés,
Les enfans au berceau sur la pierre écrasés :
Des fureurs des humains c'est ce qu'on doit attendre;
Mais ce que l'avenir aura peine à comprendre,
Ce que vous-même encôre à peine vous croirez,
Ces monstres furieux de carnage altérés,
Excités par la voix des prêtres sanguinaires,
Invoquaient le Seigneur en égorgeant leurs frères,
Et, le bras tout souillé du sang des innocens,
Osaient offrir à Dieu cet exécrable encens.
  O combien de héros indignement périrent !
Rénel et Pardaillan chez les morts descendirent ;
Et vous, brave Guerchy ; vous, sage Lavardin,
Digne de plus de vie et d'un autre destin.
Parmi les malheureux que cette nuit cruelle
Plongea dans les horreurs d'une nuit éternelle,
Marsillac et Soubise, au trépas condamnés,
Défendent quelque temps leurs jours infortunés.
Sanglans, percés de coups, et respirant à peine,
Jusqu'aux portes du louvre on les pousse, on les traîne ;
Ils teignent de leur sang ce palais odieux,
En implorant leur roi, qui les trahit tous deux.
  Du haut de ce palais excitant la tempête,
Médicis à loisir contemplait cette fête :
Ses cruels favoris, d'un regard curieux,
Voyaient les flots de sang regorger sous leurs yeux;
Et de Paris en feu les ruines fatales
Etaient de ces héros les pompes triomphales.
  Quedis-je! ô crime, ô honte! ô comble de nos maux !
Le roi, le roi lui-même, au milieu des bourreaux,
Poursuivant des proscrits les troupes égarées,
Du sang de ses sujets souillant ses mains sacrées,
Et ce même Valois que je sers aujourd'hui,
Ce roi qui par ma bouche implore votre appui,
Partageant les forfaits de son barbare frère,
A ce honteux carnage excitait sa colère.

Non qu'après tout Valois ait un cœur inhumain ;
Rarement dans le sang il a trempé sa main :
Mais l'exemple du crime assiégeait sa jeunesse ;
Et sa cruauté même était une faiblesse.

    Quelques-uns, il est vrai, dans la foule des morts,
Du fer des assassins trompèrent les efforts.
De Caumont, jeune enfant, l'étonnante aventure
Ira de bouche en bouche à la race future.
Son vieux père, accablé sous le fardeau des ans,
Se livrait au sommeil entre ses deux enfans ;
Un lit seul enfermait et les fils et le père.
Les meurtriers ardens, qu'aveuglait la colère,
Sur eux à coups pressés enfoncent le poignard :
Sur ce lit malheureux la mort vole au hasard.
L'Eternel dans ses mains tient seul nos destinées :
Il sait, quand il lui plaît, veiller sur nos années,
Tandis qu'en ses fureurs l'homicide est trompé.
D'aucun coup, d'aucun trait, Caumont ne fut frappé ;
Un invisible bras, armé pour sa défense,
Aux mains des meurtriers dérobait son enfance ;
Son père à ses côtés, sous mille coups mourant ;
Le couvrait tout entier de son corps expirant ;
Et, du peuple et du roi trompant la barbarie,
Une seconde fois il lui donna la vie.

    Cependant, que faisai-je en ces affreux momens?
Hélas ! trop assuré sur la foi des sermens,
Tranquille au fond du louvre, et loin du bruit des armes,
Mes sens d'un doux repos goûtaient encore les charmes;
O nuit ! nuit effroyable ! ô funeste sommeil !
L'appareil de la mort éclaira mon réveil.
On avait massacré mes plus chers domestiques ;
Le sang de tout côtés inondait mes portiques,
Et je n'ouvris les yeux que pour envisager
Les miens que sur le marbre on venait d'égorger.
Les assassins sanglans vers mon lit s'avancèrent,
Leurs parricides mains devant moi se levèrent ;
Je touchais au moment qui terminait mon sort ;
Je présentai ma tête, et j'attendis la mort.
Mais, soit qu'un vieux respect pour le sang de leurs maitres

Parlât encor pour moi dans le cœur de ces traîtres ;
Soit que de Médicis l'ingénieux courroux
Trouvât pour moi la mort un supplice trop doux :
Soit qu'enfin, s'assurant d'un port durant l'orage,
Sa prudente fureur me gardât pour ôtage ;
On réserva ma vie à de nouveaux revers ;
Et bientôt de sa part on m'apporta des fers.

Coligny, plus heureux et plus digne d'envie,
Du moins, en succombant, ne perdit que la vie ;
Sa liberté, sa gloire au tombeau le suivit...
Vous frémissez, madame, à cet affreux récit :
Tant d'horreur vous surprend; mais de leur barbarie
Je ne vous ai conté que la moindre partie.
On eût dit que, du haut de son louvre fatal,
Médicis à la France eût donné le signal.
Tout imita Paris, la mort sans résistance
Couvrit en un moment la face de la France.
Quant un roi veut le crime, il est trop obéi !
Par cent mille assassins son courroux fut servi ;
Et des fleuves francais les eaux ensanglantées
Ne portaient que des morts aux mers épouvantées.

FIN DU CHANT SECOND.

CHANT III.

ARGUMENT.

Le héros continue l'histoire des guerres civiles de France.
Mort funeste de Charles IX. Règne de Henri III. Son
caractère. Celui du fameux duc de Guise, connu sous
le nom de Balafré. Bataille de Coutras. Meurtre du duc
de Guise. Extrémités où Henri III est réduit. Mayenne
est le chef de la ligue. D'Aumale en est le héros. Ré-
conciliation de Henri III et de Henri roi de Navarre.
Secours que promet la reine Élisabeth. Sa réponse à
Henri de Bourbon.

Quand l'arrêt des Destins eut durant quelques
          jours
A tant de cruautés permis un libre cours,
Et que des assassins, fatigués de leurs crimes,
Les glaives émoussés manquèrent de victimes,
Le peuple, dont la reine avait armé le bras,
Ouvrit enfin les yeux, et vit ses attentats.
Aisément sa pitié succède à sa furie :
Il entendit gémir la voix de sa patrie,
Bientôt Charles lui-même en fut saisi d'horreur ;
Le remords dévorant s'éleva dans son cœur.
Des premiers ans du roi la funeste culture
N'avait que trop en lui corrompu la nature ;
Mais elle n'avait point étouffé cette voix
Qui jusque sur le trône épouvante les rois.
Par sa mère élevé, nourri dans ses maximes,
Il n'était point comme elle endurci dans les crimes.
Le chagrin vint flétrir la fleur de ses beaux jours ;
Une langueur mortelle en abrégea le cours :
Dieu, déployant sur lui sa vengeance sévère,

Marqua ce roi mourant du sceau de sa colère,
Et par son châtiment voulut épouvanter
Quiconque à l'avenir oserait l'imiter.
Je le vis expirant. Cette image effrayante
A mes yeux attendris semble être encor présente.
Son sang, à gros bouillons de son corps élancé,
Vengeait le sang français par ses ordres versé;
Il se sentait frappé d'une main invisible;
Et le peuple, étonné de cette fin terrible,
Plaignit un roi si jeune et sitôt moissonné,
Un roi par les méchans dans le crime entraîné,
Et dont le repentir promettait à la France,
D'un empire plus doux quelque faible espérance.
    Soudain du fond du nord, au bruit de son trépas,
L'impatient Valois, accourant à grand pas,
Vint saisir dans ces lieux, tout fumans de carnage,
D'un frère infortuné le sanglant héritage.
La Pologne, en ce temps, avait d'un commun choix
Au rang des Jagellons placé l'heureux Valois;
Son nom, plus redouté que les plus puissans princes,
Avait gagné pour lui les voix de cent provinces....
C'est un poids bien pesant qu'un nom trop tôt fameux!
Valois ne soutint pas ce fardeau dangereux.
Qu'il ne s'attende point que je le justifie:
Je lui peux immoler mon repos et ma vie;
Tout, hors la vérité, que je préfère à lui.
Je le plains, je le blâme, et je suis son appui.
    Sa gloire avait passé comme une ombre légère.
Ce changement est grand; mais il est ordinaire:
On a vu plus d'un roi, par un triste retour,
Vainqueur dans les combats, esclave dans sa cour.
Reine, c'est dans l'esprit qu'on voit le vrai courage.
Valois reçut des cieux des vertus en partage:
Il est vaillant, mais faible; et, moins roi que soldat,
Il n'a de fermeté qu'en un jour de combat.
Ses honteux favoris, flattant son indolence,
De son cœur, à leur gré, gouvernaient l'inconstance;
Au fond de son palais, avec lui renfermés,
Sourds aux cris douloureux des peuples opprimés,

Ils dictaient par sa voix leurs volontés funestes;
Des trésors de la France ils dissipaient les restes;
Et le peuple accablé, poussant de vains soupirs,
Gémissait de leur luxe, et payait leurs plaisirs.

Tandis que, sous le joug de ses maîtres avides,
Valois pressait l'état du fardeau des subsides,
On vit paraître Guise; et le peuple inconstant
Tourna bientôt ses yeux vers cet astre éclatant.
Sa valeur, ses exploits, la gloire de son père,
Sa grace, sa beauté, cet heureux don de plaire,
Qui, mieux que la vertu, sait régner sur les cœurs.
Attiraient tous les vœux par des charmes vainqueurs,

Nul ne sut mieux que lui le grand art de séduire;
Nul sur ses passions n'eut jamais plus d'empire,
Et ne sut mieux cacher, sous des dehors trompeurs,
Des plus vastes desseins les sombres profondeurs:
Altier, impérieux, mais souple et populaire,
Des peuples en public il plaignait la misère,
Détestait des impôts le fardeau rigoureux;
Le pauvre allait le voir, et revenait heureux:
Il savait prévenir la timide indigence;
Ses bienfaits dans Paris annonçaient sa présence;
Il se faisait aimer des grands qu'il haïssait;
Terrible et sans retour alors qu'il offensait,
Téméraire en ses vœux, sage en ses artifices,
Brillant par ses vertus, et même par ses vices;
Connoissant le péril, et ne redoutant rien;
Heureux guerrier, grand prince, et mauvais citoyen.

Quand il eut quelque temps essayé sa puissance,
Et du peuple aveuglé cru fixer l'inconstance,
Il ne se cacha plus, il vint ouvertement
Du trône de son roi briser le fondement.
Il forma dans Paris cette ligue funeste
Qui bientot de la France infecta tout le reste;
Monstre affreux qu'ont nourri les peuples et les grands,
Engraissé de carnage et fertile en tyrans.

La France dans son sein vit alors deux monarques:
L'un n'en possédait plus que les frivoles marques;
L'autre, inspirant par-tout l'espérance ou l'effroi,

A peine avait besoin d'un vain titre de roi.
Valois se réveilla du sein de son ivresse.
Ce bruit, cet appareil, ce danger qui le presse,
Ouvrirent un moment ses yeux appesantis :
Mais du jour importun ses regards éblouis
Ne distinguèrent point, au fort de la tempête,
Les foudres menaçans qui grondaient sur sa tête :
Et bientôt fatigué d'un moment de réveil,
Las, et se jetant dans les bras du sommeil,
Entre ses favoris, et parmi les délices,
Tranquille, il s'endormit au bord des précipices.
Je lui restais encore ; et, tout près de périr,
Il n'avait plus que moi qui pût le secourir ;
Héritier, après lui, du trône de la France,
Mon bras, sans balancer, s'armait pour sa défense :
J'offrais à sa faiblesse un nécessaire appui ;
Je courais le sauver, ou me perdre avec lui.
Mais Guise, trop habile, et trop savant à nuire,
L'un par l'autre, en secret, songeait à nous détruire.
Que dis-je ! il obligea Valois à se priver
De l'unique soutien qui le pouvait sauver.
De la religion le prétexte ordinaire
Fut un voile honorable à cet affreux mystère.
Par sa feinte vertu tout le peuple échauffé
Ranima son courroux encor mal étouffé.
Il leur représentait le culte de leurs pères,
Les derniers attentats des sectes étrangères,
Me peignait ennemi de l'église et de Dieu :
« Il porte, disait-il, ses erreurs en tout lieu ;
« Il suit d'Elisabeth les dangereux exemples ;
« Sur vos temples détruits il va fonder ses temples ;
« Vous verrez dans Paris ces prêches criminels. »
Tout le peuple, à ces mots, trembla pour ses autels.
Jusqu'au palais du roi l'alarme en est portée.
La ligue, qui feignait d'en être épouvantée,
Vient de la part de Rome annoncer à son roi,
Que Rome lui défend de s'unir avec moi.
Hélas ! le roi, trop faible, obéit sans murmure :
Et, lorsque je volais pour venger son injure,

J'apprends que mon beau-frère, à la ligue soumis,
S'unissait, pour me perdre avec ses ennemis,
De soldats, malgré lui, couvrait déjà la terre,
Et par timidité me déclarait la guerre.
   Je plaignis sa faiblesse ; et, sans rien ménager,
Je courus le combattre au lieu de le venger.
De la ligue, en cent lieux, les villes alarmées,
Contre moi, dans la France enfantaient des armées :
Joyeuse, avec ardeur, venait fondre sur moi,
Ministre impétueux des faiblesses du roi.
Guise, dont la prudence égalait le courage,
Dispersait mes amis, leur fermait le passage.
D'armes et d'ennemis pressé de toutes parts,
Je les défiai tous, et tentai les hasards.
   Je cherchai dans Coutras ce superbe Joyeuse.
Vous savez sa défaite, et sa fin malheureuse :
Je dois vous épargner des récits superflus.
   Non, je ne reçois point vos modestes refus :
Non, ne me privez point, dit l'auguste princesse,
D'un récit qui m'éclaire autant qu'il m'intéresse ;
N'oubliez point ce jour, ce grand jour de Coutras,
Vos travaux, vos vertus, Joyeuse, et son trépas.
L'auteur de tant d'exploits doit seul me les apprendre :
Et peut-être je suis digne de les entendre.
Elle dit. Le héros, à ce discours flatteur,
Sentit couvrir son front d'une noble rougeur ;
Et réduit, à regret, à parler de sa gloire,
Il poursuivit ainsi cette fatale histoire :
   De tous les favoris qu'idolâtraient Valois,
Qui flattaient sa mollesse, et lui donnaient des lois,
Joyeuse, né d'un sang chez les Français insigne,
D'une faveur si haute était le moins indigne :
Il avait des vertus ; et si de ses beaux jours
La Parque, en ce combat, n'eût abrégé le cours,
Sans doute aux grands exploits son ame accoutumée
Aurait de Guise, un jour, atteint la renommée.
Mais nourri jusqu'alors au milieu de la cour,
Dans le sein des plaisirs, dans les bras de l'amour,
Il n'eut à m'opposer qu'un excès de courage,

Dans un jeune héros dangereux avantage.
Les courtisans en foule, attachés à son sort,
Du sein des voluptés s'avançaient à la mort.
Des chiffres amoureux, gages de leurs tendresses,
Traçaient sur leurs habits les noms de leurs maîtresses ;
Leurs armes éclataient du feu des diamans,
De leurs bras énervés frivoles ornemens.
Ardens, tumultueux, privés d'expérience,
Ils portaient au combat leur superbe imprudence :
Orgueilleux de leur pompe, et fiers d'un camp nombreux,
Sans ordre ils s'avançaient d'un pas impétueux.

D'un éclat différent mon camp frappait leur vue :
Mon armée, en silence à leur yeux étendue,
N'offrait de tous côtés que farouches soldats,
Endurcis aux travaux, vieillis dans les combats,
Accoutumés au sang, et couverts de blessures ;
Leur fer et leurs mousquets composaient leurs parures.
Comme eux vêtu sans pourpre, armé de fer comme eux,
Je conduisais aux coups les escadrons poudreux ;
Comme eux de mille morts affrontant la tempête,
Je n'étais distingué qu'en marchant à leur tête.
Je vis nos ennemis vaincus et renversés,
Sous nos coups expirans, devant nous dispersés :
A regret dans leur sein j'enfonçais cette épée
Qui du sang espagnol eût été mieux trempée.

Il le faut avouer, parmi ces courtisans
Que moisonna le fer en la fleur de leurs ans,
Aucun ne fut percé que de coups honorables :
Tous fermes dans leur poste, et tous inébranlables,
Ils voyaient devant eux avancer le trépas,
Sans détourner les yeux, sans reculer d'un pas.
Des courtisans français tel est le caractère :
La paix n'amollit point leur valeur ordinaire ;
De l'ombre du repos, ils volent aux hasards ;
Vils flatteurs à la cour, héros aux champs de Mars.

Pour moi, dans les horreurs d'une mêlée affreuse,
J'ordonnais, mais en vain, qu'on épargnât Joyeuse;
Je l'aperçus bientôt, porté par des soldats,
Pâle, et déjà couvert des ombres du trépas.

Telle une tendre fleur, qu'un matin voit éclore
Des baisers du zéphir et des pleurs de l'aurore,
Brille un moment auxyeux, et tombe avant le temps,
Sous le tranchant du fer, ou sous l'effort de vents.
    Mais pourquoi rappeler cette triste victoire ?
Que ne puis-je plutôt ravir à la mémoire
Les cruels monumens de ces affreux succès !
Mon bras n'est encor teint que du sang des Français :
Ma grandeur, à ce prix, n'a point pour moi de charmes ;
Et mes lauriers sanglans sont baignés de mes larmes.
Ce malheureux combat ne fit qu'approfondir
L'abîme dont Valois voulait en vain sortir.
Il fut plus méprisé, quand on vit sa disgrace ;
Paris fut moins soumis, la ligue eut plus d'audace ;
Et la gloire de Guise, aigrissant ses douleurs,
Ainsi que ses affronts redoubla ses malheurs.
Guise dans Vimori, d'une main plus heureuse,
Vengea sur les Germains la perte de Joyeuse ;
Accabla, dans Anneau, mes alliés surpris ;
Et, couvert de lauriers, se montra dans Paris.
Ce vainqueur y parut comme un dieu tutélaire.
Valois vit triompher son superbe adversaire,
Qui, toujours insultant à ce prince abattu,
Semblait l'avoir servi moins que l'avoir vaincu.
    La honte irrite enfin le plus faible courage :
L'insensible Valois ressentit cet outrage ;
Il voulut, d'un sujet réprimant la fierté,
Essayer dans Paris sa faible autorité.
Il n'en était plus temps, la tendresse, et la crainte,
Pour lui dans tous les cœurs était alors éteinte :
Son peuple audacieux, prompt à se mutiner,
Le prit pour un tyran, dès qu'il voulut régner.
On s'assemble, on conspire, on répand les alarmes ;
Tout bourgeois est soldat, tout Paris est en armes :
Mille remparts naissans, qu'un instant a formés,
Menacent de Valois les gardes enfermés.
    Guise, tranquille et fier au milieu de l'orage,
Précipitait du peuple ou retenait la rage,
De la sédition gouvernait les ressorts,

Et faisait, à son gré, mouvoir ce vaste corps.
Tout le peuple au palais courait avec furie:
Si Guise eût dit un mot, Valois était sans vie;
Mais, lorsque d'un coup d'œil il pouvait l'accabler,
Il parut satisfait de l'avoir fait trembler;
Et, des mutins lui-même arrêtant la poursuite,
Lui laissa, par pitié, le pouvoir de la fuite.
Enfin Guise attenta, quel que fût son projet,
Trop peu pour un tyran, mais trop pour un sujet.
Quiconque a pu forcer son monarque à le craindre
A tout à redouter, s'il ne veut tout enfreindre.
Guise, en ses grands desseins dès ce jour affermi,
Vit qu'il n'était plus temps d'offenser à demi;
Et qu'élevé si haut, mais sur un précipice,
S'il ne montait au trône, il marchait au supplice.
Enfin, maître absolu d'un peuple révolté,
Le cœur plein d'espérance et de témérité,
Appuyé des Romains, secouru des Ibères,
Adoré des Français, secondé de ses frères,
Ce sujet orgueilleux crut ramener ces temps
Où de nos premiers rois les lâches descendans,
Déchus presque en naissant de leur pouvoir suprème,
Sous un froc odieux cachaient leur diadême,
Et, dans l'ombre d'un cloître en secret gémissans,
Abandonnaient l'empire aux mains de leurs tyrans.

Valois, qui cependant différait sa vengeance,
Tenait alors dans Blois les états de la France.
Peut-être on vous a dit quels furent ces états:
On proposa des lois qu'on n'exécuta pas;
De mille députés l'éloquence stérile
Y fit de nos abus un détail inutile;
Car de tant de conseils l'effet le plus commun
Est de voir tous nos maux sans en soulager un.

Au milieu des états, Guise, avec arrogance,
De son prince offensé vint braver la présence,
S'assit auprès du trône, et, sûr de ses projets,
Crut, dans ces députés, voir autant de sujets.
Déjà leur troupe indigne, à son tyran vendue,
Allait mettre en ses mains la puissance absolue.

**

Lorsque, las de le craindre, et las de l'épargner,
Valois voulut enfin se venger et régner.
Son rival, chaque jour, soigneux de lui déplaire,
Dédaigneux ennemi, méprisait sa colère,
Ne soupçonnant pas même, en ce prince irrité,
Pour un assassinat assez de fermeté.
Son destin l'aveuglait : son heure était venue ;
Le roi le fit lui-même immoler à sa vue.
De cent coups de poignards indignement percé,
Son orgueil, en mourant, ne fut point abaissé ;
Et ce front, que Valois craignait encor peut-être,
Tout pâle et tout sanglant, semblait braver son maître.
C'est ainsi que mourut ce sujet tout-puissant,
De vices, de vertus, assemblage éclatant.
Le roi, dont il ravit l'autorité suprême,
Le souffrit lâchement, et s'en vengea de même.
    Bientôt ce bruit affreux se répand dans Paris.
Le peuple épouvanté remplit l'air de ses cris.
Les vieillards désolés, les femmes éperdues,
Vont du malheureux Guise embrasser les statues.
Tout Paris croit avoir, en ce pressant danger,
L'église à soutenir, et son père à venger.
De Guise, au milieu d'eux, le redoutable frère,
Mayenne, à la vengeance anime leur colère;
Et, plus par intérêt que par ressentiment,
Il allume en cent lieux ce grand embrâsement.
    Mayenne, dès long-temps nourri dans les alarmes,
Sous le superbe Guise avait porté les armes :
Il succède à sa gloire, ainsi qu'à ses desseins;
Le sceptre de la ligue a passé dans ses mains.
Cette grandeur sans borne, à ses desirs si chère,
Le console aisément de la perte d'un frère ;
Il servait à regret; et Mayenne aujourd'hui
Aime mieux le venger que de marcher sous lui.
Mayenne a, je l'avoue, un courage héroïque ;
Il sait, par une heureuse et sage politique,
Réunir sous ses lois mille esprits différens,
Ennemis de leur maître, esclaves des tyrans:
Il connaît leurs talens, il sait en faire usage ;

Souvent du malheur même il tire un avantage.
Guise avec plus d'éclat éblouissait les yeux,
Fut plus grand, plus héros, mais non plus dangereux.
Voilà quel est Mayenne, et quelle est sa puissance.
Autant la ligue altière espère en sa prudence,
Autant le jeune Aumale, au cœur présomptueux,
Répand dans les esprits son courage orgueilleux.
D'Aumale est du parti le bouclier terrible;
Il a jusqu'aujourd'hui le titre d'invincible :
Mayenne, qui le guide au milieu des combats,
Est l'âme de la ligue, et l'autre en est le bras.

Cependant des Flamands l'oppresseur politique,
Ce voisin dangereux, ce tyran catholique,
Ce roi dont l'artifice est le plus grand soutien,
Ce roi votre ennemi, mais plus encor le mien,
Philippe, de Mayenne embrassant la querelle,
Soutient de nos rivaux la cause criminelle;
Et Rome, qui devait étouffer tant de maux,
Rome de la discorde allume les flambeaux :
Celui qui des chrétiens se dit encore le père
Met aux mains de ses fils un glaive sanguinaire.
Des deux bouts de l'Europe, à mes regards surpris,
Tous les malheurs ensemble accourent dans Paris.
Enfin, roi sans sujets, poursuivi sans défense,
Valois s'est vu forcé d'implorer ma puissance.
Il m'a cru généreux, et ne s'est point trompé :
Des malheurs de l'état mon cœur s'est occupé;
Un danger si pressant a fléchi ma colère;
Je n'ai plus, dans Valois, regardé qu'un beau-frère :
Mon devoir l'ordonnait, j'en ai subi la loi;
Et, roi, j'ai défendu l'autorité d'un roi.
Je suis venu vers lui sans traité, sans ôtage :
Votre sort, ai-je dit, est dans votre courage;
Venez mourir ou vaincre aux remparts de Paris.
Alors un noble orgueil a rempli ses esprits.
Je ne me flatte point d'avoir pu dans son ame
Verser, par mon exemple, une si belle flamme;
Sa disgrace a sans doute éveillé sa vertu :
Il gémit du repos qui l'avait abattu.

Valois avait besoin d'un destin si contraire ;
Et souvent l'infortune aux rois est nécessaire.
  Tels étaient de Henri les sincères discours.
Des Anglais cependant il presse le secours :
Déjà, du haut des murs de la ville rebelle ,
La voix de la victoire en son camp le rapelle ;
Mille jeunes Anglais vont bientôt, sur ses pas,
Fendre le sein des mers, et chercher les combats.
  Essex est à leur tête, Essex dont la vaillance
A des fiers Castillans confondu la prudence ,
Et qui ne croyait pas qu'un indigne destin
Dût flétrir les lauriers qu'avait cueillis sa main.
  Henri ne l'attend point : ce chef que rien n'arrête,
Impatient de vaincre, à son départ s'apprête.
Allez , lui dit la reine , allez , digne héros,
Mes guerriers sur vos pas traverseront les flots.
Non , ce n'est point Valois, c'est vous qu'ils veulent suivre ;
A vos soins généreux mon amitié les livre ;
Au milieu des combats vous les verrez courir,
Plus pour vous imiter que pour vous secourir.
Formés par votre exemple au grand art de la guerre,
Ils apprendront sous vous à servir l'Angleterre.
Puisse bientôt la ligue expirer sous vos coups !
L'Espagne sert Mayenne, et Rome est contre vous :
Allez vaincre l'Espagne , et songez qu'un grand homme
Ne doit point redouter les vains foudres de Rome.
Allez des nations venger la liberté ;
De Sixte et de Philippe abaissez la fierté.
  Philippe , de son père héritier tyrannique ,
Moins grand, moins courageux , et non moins politique,
Divisant ses voisins pour leur donner des fers,
Du fond de son palais croit dompter l'univers.
  Sixte , au trône élevé du sein de la poussière,
Avec moins de puissance, a l'ame encor plus fière,
Le pâtre de Montalte est le rival des rois ;
Dans Paris, comme à Rome, il veut donner des lois,
Sous le pompeux éclat d'un triple diadème,
Il pense asservir tout, jusqu'à Philippe même.
Violent , mais adroit , dissimulé , trompeur ,

Ennemi des puissans, des faibles oppresseur,
Dans Londres, dans ma cour, il a formé des brigues;
Et l'univers, qu'il trompe, est plein de ses intrigues.

Voilà les ennemis que vous devez braver.
Contre moi l'un et l'autre osèrent s'élever :
L'un, combattant en vain l'Anglais et les orages,
Fit voir à l'océan sa fuite et ses naufrages ;
Du sang de ses guerriers ce bord est encor teint :
L'autre, se tait dans Rome, et m'estime, et me craint.

Suivez donc, à leurs yeux, votre noble entreprise:
Si Mayenne est domté, Rome sera soumise;
Vous seul pouvez régler sa haine ou ses faveurs.
Inflexible aux vaincus, complaisante aux vainqueurs,
Prête à vous condamner, facile à vous absoudre ;
C'est à vous d'allumer ou d'éteindre sa foudre.

FIN DU CHANT TROISIÈME.

CHANT IV.

ARGUMENT.

D'Aumale était près de se rendre maître du camp de
Henri III, lorsque le héros, revenant d'Angleterre,
combat les ligueurs, et fait changer la fortune.

La Discorde console Mayenne, et vole à Rome pour y
chercher du secours. Description de Rome, où régnait
alors Sixte-Quint. La Discorde y trouve la Politique.
Elle revient avec elle à Paris, soulève la Sorbonne,
anime les Seize contre le parlement, et arme les moi-
nes. On livre à la main du bourreau des magistrats qui
tenaient pour le parti des rois. Troubles et confusion
horrible dans Paris.

Tandis que, poursuivant leurs entretiens secrets,
Et pesant à loisir de si grands intérêts,
Ils épuisaient tous deux la science profonde
De combattre, de vaincre, et de régir le monde,
La Seine, avec effroi, voit sur ses bords sanglans
Les drapeaux de la ligue abandonnés aux vents.
  Valois, loin de Henri, rempli d'inquiétude,
Du destin des combats craignait l'incertitude.
A ses desseins flottans il fallait un appui ;
Il attendoit Bourbon, sûr de vaincre avec lui.
Par ses retardemens les ligueurs s'enhardirent ;
Des portes de Paris leurs légion sortirent :
Le superbe d'Aumale, et Nemours, et Brissac,
Le farouche Saint-Paul, la Châtre, Canillac,
D'un coupable parti défenseurs intrépides,
Epouvantaient Valois de leurs succès rapides ;
Et ce roi, trop souvent sujet au repentir,
Regrettait le héros qu'il avait fait partir.

Parmi ces combattans ennemis de leur maître ;
Un frère de Joyeuse osa long-temps paraître.
Ce fut lui que Paris vit passer tour-à-tour,
Du siècle au fond du cloître, et du cloître à la cour,
Vicieux, pénitent, courtisan, solitaire ;
Il prit, quitta, reprit, la cuirasse et la haire.
Du pied des saints autels arrosés de ses pleurs,
Il courut de la ligue animer les fureurs,
Et plongea dans le sein de la France éplorée
La main qu'à l'Eternel il avait consacrée.
   Mais, de tant de guerriers, celui dont la valeur
Inspira plus d'effroi, répandit plus d'horreur.
Dont le cœur fut plus fier eut la main plus fatale,
Ce fut vous, jeune prince, impétueux d'Aumale,
Vous, né du sang lorrain, si fécond en héros,
Vous, ennemi des rois, des lois, et du repos.
La fleur de la jeunesse en tout temps l'accompagne;
Avec eux sans relâche il fond dans la campagne ;
Tantôt dans le silence, et tantôt à grand bruit,
A la clarté des cieux, dans l'ombre de la nuit,
Chez l'ennemi surpris portant par-tout la guerre,
Du sang des assiégeans son bras couvrait la terre.
Tels du front du Caucase, ou du sommet d'Athos,
D'où l'œil découvre au loin l'air, la terre et les flots,
Les aigles, les vautours, aux ailes étendues,
D'un vol précipité, fendant les vastes nues,
Vont dans les champs de l'air enlever les oiseaux,
Dans les bois, dans les prés, déchirent les troupeaux,
Et dans les flancs affreux de leurs roches sanglantes
Remportent, à grand cris, ces dépouilles vivantes.
   Déjà plein d'espérance, et de gloire enivré,
Aux tentes de Valois il avait pénétré.
La nuit et la surprise augmentaient les alarmes.
Tout pliait, tout tremblait, tout cédait à ses armes.
Cet orageux torrent, prompt à se déborder,
Dans son choc ténébreux allait tout inonder.
L'étoile du matin commençait à paraître :
Mornay, qui précédait le retour de son maître,
Voyait déjà les tours du superbe Paris.

D'un bruit mêlé d'horreur il est soudain surpris;
Il court, il aperçoit dans un désordre extrême
Les soldats de Valois, et ceux de Bourbon même :
« Juste ciel ! est-ce ainsi que vous nous attendiez ?
« Henri va vous défendre; il vient; et vous fuyez !
« Vous fuyez, compagnons». Au son de sa parole,
Comme on vit autrefois, au pieds du capitole,
Le fondateur de Rome, opprimé des Sabins,
Au nom de Jupiter arrêter ses Romains ;
Au seul nom de Henri, les Français se rallient :
La honte les enflamme, ils marchent, ils s'écrient,
Qu'il vienne ce héros, nous vaincrons sous ses yeux.
Henri dans le moment paraît au milieu d'eux,
Brillant comme l'éclair au fort de la tempête:
Il vole au premiers rangs, il s'avance à leur tête ;
Il combat, on le suit ; il change les destins :
La foudre est dans ses yeux, la mort est dans ses mains.
Tous les chefs ranimés autour de lui s'empressent;
La victoire revient, les ligueurs disparaissent,
Comme aux rayons du jour qui s'avance et qui luit
S'est dissipé l'éclat des astres de la nuit.
C'est en vain que d'Aumale arrête sur ces rives
Des siens épouvantés les troupes fugitives,
Sa voix pour un moment les rappelle aux combats ;
La voix du grand Henri précipite leurs pas,
De son front menaçant la terreur les renverse;
Leur chef les réunit, la crainte les disperse.
D'Aumale est avec eux dans leur fuite entraîné ;
Tel que du haut d'un mont de frimat couronné,
Au milieu des glaçons et de neige fondues,
Tombe et roule un rocher qui menaçait les nues.

Mais que dis-je ? il s'arrête, il montre aux assiégeans,
Il montre encor ce front redouté si long-temps.
Des siens qui l'entraînaient, fougueux, il se dégage;
Honteux de vivre encor, il revole au carnage ;
Il arrête un moment son vainqueur étonné :
Mais d'ennemis bientôt il est environné.
La mort allait punir son audace fatale.

La Discorde le vit, et trembla pour d'Aumale :

La barbare qu'elle est a besoin de ses jours :
Elle s'élève en l'air, et vole à son secours.
Elle approche; elle oppose au nombre qui l'accable
Son bouclier de fer, immense, impénétrable,
Qui commande au trépas, qu'accompagne l'horreur,
Et dont la vue inspire ou la rage ou la peur.
O fille de l'enfer, discorde inexorable !
Pour la première fois tu parus secourable :
Tu sauvas un héros, tu prolongeas son sort,
De cette même main, ministre de la mort,
De cette main barbare, accoutumée aux crimes,
Qui jamais jusque-là n'épargnas ses victimes.
Elle entraîne d'Aumale aux portes de Paris ;
Sanglant, couvert de coups qu'il n'avait point sentis,
Elle applique à ses maux une main salutaire ;
Elle étanche ce sang répandu pour lui plaire :
Mais, tandis qu'à son corps elle rend la vigueur,
De ses mortels poisons elle infecte son cœur.
Tel souvent un tyran, dans sa pitié cruelle,
Suspend d'un malheureux la sentence mortelle ;
A ses crimes secrets il fait servir son bras ;
Et, quand ils sont commis, il le rend au trépas.
  Henri sait profiter de ce grand avantage,
Dont le sort des combats honora son courage,
Des momens dans la guerre il connaît tout le prix ;
Il presse au même instant ses ennemis surpris :
Il veut que les assauts succèdent aux batailles ;
Il fait tracer leur perte autour de leurs murailles.
Valois, plein d'espérance, et fort d'un tel appui,
Donne aux soldats l'exemple, et le reçoit de lui ;
Il soutient les travaux, il brave les alarmes.
La peine a ses plaisirs, le péril a ses charmes.
Tous les chefs sont unis, tout succède à leurs vœux;
Et bientôt la terreur, qui marche devant eux,
Des assiégés tremblans dissipant les cohortes,
A leurs yeux éperdus allait briser leurs portes.
Que peut faire Mayenne en ce péril pressant ?
Mayenne a pour soldats un peuple gémissant.
Ici, la fille en pleurs lui redemande un père ;

4

Là , le frère effrayé pleure au tombeau d'un frère :
Chacun plaint le présent , et craint pour l'avenir ;
Ce grand corps alarmé ne peut se réunir.
On s'assemble, on consulte, on veut fuir ou se rendre.
Tous sont irrésolus, nul ne veut se défendre :
Tant le faible vulgaire, avec légèreté,
Fait succéder la peur à la témérité !

Mayenne, en frémissant, voit leur troupe éperdue.
Cent desseins partageaient son ame irrésolue ;
Quand soudain la Discorde aborde ce héros ,
Fait siffler ses serpens, et lui parle en ces mots :

Digne héritier d'un nom redoutable à la France,
Toi qu'unit avec moi le soin de ta vengeance ,
Toi, nourri sous mes yeux , et formé sous mes lois ,
Entends ta protectrice , et reconnais ma voix.
Ne crains rien de ce peuple imbécille et volage,
Dont un faible malheur a glacé le courage ;
Leurs esprits sont à moi , leurs cœurs sont dans mes mains;
Tu les verras bientôt, secondant nos desseins ,
De mon fiel abreuvés , à mes fureurs en proie ,
Combattre avec audace , et mourir avec joie.

La Discorde aussitôt, plus prompte qu'un éclair,
Fend d'un vol assuré les campagnes de l'air.
Par-tout chez les Français le trouble et les alarmes
Présentent à ses yeux des objets pleins de charmes :
Son haleine en cent lieux repand l'aridité ;
Le fruit meurt en naissant, dans son germe infecté :
Les épis renversés sur la terre languissent,
Le ciel s'en obscurcit, les astres en pâlissent ;
Et la foudre en éclats , qui gronde sous ses pieds ;
Semble annoncer la mort aux peuples effrayés.

Un tourbillon la porte à ces rives fécondes
Que l'Eridan rapide arrose de ses ondes.

Rome enfin se découvre à ses regards cruels,
Rome, jadis son temple, et l'effroi des mortels,
Rome, dont le destin, dans la paix, dans la guerre,
Est d'être en tous temps maîtresse de la terre.
Par le sort des combats ou la vit autrefois
Sur leurs trônes sanglans enchaîner tous les rois;

L'univérs fléchissait sous son aigle terrible.
Elle exerce, en nos jours, un pouvoir plus paisible :
On la voit sous son joug asservir ses vainqueurs,
Gouverner les esprits, et commander aux cœurs ;
Ses amis sont ses lois, ses décrets sont ses armes.

Près de ce capitole où régnaient tant d'alarmes,
Sur les pompeux débris de Bellone et de Mars,
Un pontife est assis au trône des Césars ;
Des prêtres fortunés foulent d'un pied tranquille
Les tombeaux des Catons et la cendre d'Emile.
Le trône est sur l'autel, et l'absolu pouvoir
Met dans les mêmes mains le sceptre et l'encensoir.
Là, Dieu même a fondé son église naissante,
Tantôt persécutée, et tantôt triomphante :
Là, son premier apôtre avec la vérité
Conduisit la candeur et la simplicité.
Ses successeurs heureux quelque temps l'imitèrent,
D'autant plus respectés que plus ils s'abaissèrent.
Leur front d'un vain éclat n'était point revêtu ;
La pauvreté soutint leur austère vertu ;
Et, jaloux des seuls biens qu'un vrai chrétien desire
Du fond de leur chaumière ils volaient au matyre.
Le temps, qui corrompt tout, change bientôt leurs mœurs ;
Le ciel, pour nous punir, leur donna des grandeurs.
Rome, depuis ce temps, puissante et profanée,
Aux conseils des méchans se vit abandonnée,
La trahison, le meurtre, et l'empoisonnement,
De son pouvoir nouveau fut l'affreux fondement.
Les successeurs du Christ au fond du sanctuaire
Placèrent sans rougir l'inceste et l'adultère ;
Et Rome, qu'opprimait leur empire odieux,
Sous ces tyrans sacrés regretta ses faux dieux.
On écouta depuis de plus sages maximes ;
On sut ou s'épargner ou mieux voiler les crimes :
De l'église et du peuple on régla mieux les droits,
Rome devint l'arbitre et non l'effroi des rois ;
Sous l'orgueil imposant du triple diadème
La modeste vertu reparut elle-même.
Mais l'art de ménager le reste des humains

Est sur-tout aujourd'hui la vertu des Romains.
    Sixte alors était roi de l'église et de Rome.
Si, pour être honoré du titre de grand homme,
Il suffit d'être faux, austère, et redouté,
Au rang des plus grands rois Sixte sera compté.
Il devait sa grandeur à quinze ans d'artifices :
Il sut cacher, quinze ans, ses vertus et ses vices.
Il sembla fuir le rang qu'il brûlait d'obtenir,
Et s'en fit croire indigne afin d'y parvenir.
    Sous le puissant abri de son bras despotique,
Au fond du Vatican régnait la politique,
Fille de l'intérêt et de l'ambition,
Dont naquirent la fraude et la séduction.
Ce monstre ingénieux, en détours si fertile,
Accablé de soucis, paraît simple et tranquille;
Ses yeux creux et perçans, ennemis du repos,
Jamais du doux sommeil n'ont senti les pavots.
Par ses gémissemens à toute heure elle abuse
Les regards éblouis de l'Europe confuse :
Le mensonge subtil qui conduit ses discours,
De la vérité même empruntant le secours,
Du sceau du Dieu vivant empreint ses impostures,
Et fait servir le ciel à venger ses injures.
    A peine la Discorde avait frappé ses yeux,
Elle court dans ses bras d'un air mystérieux;
Avec un ris malin la flatte, la caresse;
Puis prenant tout-à-coup un ton plein de tristesse :
Je ne suis plus, dit-elle, en ce temps bienheureux
Où les peuples séduits me présentaient leurs vœux,
Où la crédule Europe, à mon pouvoir soumise,
Confondait dans mes lois les lois de son église.
Je parlais; et soudain les rois humiliés
Du trône, en frémissant, descendaient à mes pieds,
Sur la terre, à mon gré, ma voix soufflait les guerres,
Du haut du Vatican je lançais les tonnerres;
Je tenais dans mes mains la vie et le trépas;
Je donnais, j'enlevais, je rendais les états.
Cet heureux temps n'est plus. Le sénat de la France
Eteint presque en mes mains les foudres que je lance;

Plein d'amour pour l'église, et pour moi plein d'horreur,
Il ôte aux nations le bandeau de l'erreur:
C'est lui qui, le premier, démasquant mon visage,
Vengea la vérité dont j'empruntais l'image.
Que ne puis-je, ô Discorde, ardente à te servir,
Le séduire lui-même, ou du moins le punir!
Allons que tes flambeaux rallument mon tonnerre;
Commençons par la France à ravager la terre;
Que le prince et l'état retombent dans nos fers.
Elle dit, et soudain s'élance dans les airs.
   Loin du faste de Rome, et des pompes mondaines,
Des temples consacrés aux vanités humaines,
Dont l'appareil superbe impose à l'univers,
L'humble religion se cache en des déserts:
Elle y vit avec Dieu dans une paix profonde;
Cependant que son nom, profané dans le monde,
Est le prétexte saint des fureurs des tyrans,
Le bandeau du vulgaire, et le mépris des grands.
Souffrir est son destin, bénir est son partage:
Elle prie en secret pour l'ingrat qui l'outrage:
Sans ornement, sans art, belle de ses attraits,
Sa modeste beauté se dérobe à jamais
Aux hypocrites yeux de la foule importune
Qui court à ses autels adorer la fortune.
Son ame pour Henri brûlait d'un saint amour;
Cette fille des cieux sait qu'elle doit un jour,
Vengeant de ses autels le culte légitime,
Adopter pour son fils ce héros magnanime:
Elle l'en croyait digne, et ses ardens soupirs
Hâtaient cet heureux temps trop lent pour ses desirs.
Soudain la Politique et la Discorde impie
Surprennent en secret leur auguste ennemie.
Elle lève à son Dieu ses yeux mouillés de pleurs:
Son Dieu, pour l'éprouver, la livre à leurs fureurs.
Ces monstres, dont toujours elle a souffert l'injure,
De ses voiles sacrés couvrent leur tête impure,
Prennent ses vêtemens respectés des humains,
Et courent dans Paris accomplir leurs desseins.
D'un air insinuant l'adroite Politique

★★

Se glisse au vaste sein de la Sorbonne antique;
C'est là que s'assemblaient ces sages révérés,
Des vérités du ciel interprètes sacrés,
Qui, des peuples chrétiens arbitres et modèles,
A leur culte attachés, à leur prince fidèles,
Conservaient jusqu'alors une mâle vigueur,
Toujours impénétrable aux flèches de l'erreur.
Qu'il est peu de vertus qui résistent sans cesse!
Du monstre déguisé la voix enchanteresse
Ebranle leurs esprits par ses discours flatteurs.
Aux plus ambitieux elle offre des grandeurs;
Par l'éclat d'une mitre elle éblouit leur vue:
De l'avare en secret la voix lui fut vendue:
Par un éloge adroit le savant enchanté,
Pour prix d'un vain encens, trahit la vérité:
Menacé par sa voix, le faible s'intimide.
    On s'assemble en tumulte, en tumulte on décide.
Parmi les cris confus, la dispute et le bruit,
De ces lieux en pleurant la vérité s'enfuit.
Alors au nom de tous un des veillards s'écrie:
« L'église fait les rois, les absout, les châtie;
» En nous est cette église, en nous seuls est sa loi,
» Nous réprouvons Valois, il n'est plus notre roi.
» Sermens jadis sacrés, nous brisons votre chaîne. »
    A peine a-t-il parlé, la Discorde inhumaine
Trace en lettres de sang ce décret odieux.
Chacun jure par elle, et signe sous ses yeux.
    Soudain elle s'envole, et d'église en église
Annonce aux factieux cette grande entreprise;
Sous l'habit d'Augustin, sous le froc de François,
Dans les cloîtres sacrés fait entendre sa voix;
Elle appelle, à grands cris, tous ces spectres austères
De leur joug rigoureux esclaves volontaires.
De la religion reconnaissez les traits,
Dit-elle, et du Très-Haut vengez les intérêts.
C'est moi qui viens à vous, c'est moi qui vous appelle,
Ce fer, qui dans mes mains à vos yeux étincelle,
Ce glaive redoutable à nos fiers ennemis
Par la main de Dieu même en la mienne est remis.

Il est temps de sortir de l'ombre de vos temples :
Allez d'un zèle saint répandre les exemples ;
Apprenez aux Français, incertains de leur foi,
Que c'est servir leur Dieu que d'immoler leur roi.
Songez que de Lévi la famille sacrée,
Du ministère saint par Dieu même honorée,
Mérita cet honneur en portant à l'autel
Des mains teintes du sang des enfans d'Israël.
Que dis-je ? Où sont ces temps, où sont ces jours prospères,
Où j'ai vu les Français massacrés par leurs frères?
C'était vous, prêtres saints, qui conduisiez leurs bras ;
Coligny par vous seuls a reçu le trépas.
J'ai nagé dans le sang ; que le sang coule encore :
Montrez-vous, inspirez ce peuple qui m'adore.

Le monstre, au même instant, donne à tous le signal
Tous sont empoisonnés de son venin fatal ;
Il conduit dans Paris leur marche solennelle ;
L'étendard de la croix flottait au milieu d'elle.
Ils chantent, et leurs cris dévots et furieux
Semblent à leur révolte associer les cieux.
On les entend mêler, dans leurs vœux fanatiques,
Les imprécations aux prières publiques.
Prêtres audacieux, imbécilles soldats,
Du sabre et de l'épée ils ont chargé leurs bras ;
Une lourde cuirasse a couvert leur cilice.
Dans les murs de Paris cette infame milice
Suit, au milieu des flots d'un peuple impétueux,
Le Dieu, ce Dieu de paix qu'on porte devant eux.

Mayenne, qui de loin voit leur folle entreprise,
La méprise en secret, et tout haut l'autorise;
Il sait combien le peuple, avec soumission,
Confond le fanatisme et la religion ;
Il connaît ce grand art, aux princes nécessaire,
De nourrir la foiblesse et l'erreur du vulgaire.
A ce pieux scandale enfin il applaudit;
Le sage s'en indigne, et le soldat en rit :
Mais le peuple excité jusques aux cieux envoie
Des cris d'emportement, d'espérance, et de joie,
Et comme à son audace a succédé la peur,

La crainte en un moment fait place à la fureur.
Ainsi l'ange des mers, sur le sein d'Amphitrite,
Calme à son gré les flots, à son gré les irrite.
La Discorde a choisi seize séditieux
Signalés par le crime entre les factieux.
Ministres insolens de leur reine nouvelle,
Sur son char tout sanglant ils montent avec elle ;
L'orgueil, la trahison, la fureur, le trépas,
Dans des ruisseaux de sang marchent devant leurs pas.
Nés dans l'obscurité, nourris dans la bassesse,
Leur haine pour les rois leur tient lieu de noblesse ;
Et jusque sous le dais par le peuple portés,
Mayenne, en frémissant, les voit à ses côtés ;
Des jeux de la discorde ordinaires caprices,
Qui souvent rend égaux ceux qu'elle rend complices.
Ainsi lorsque les vents, fougueux tyrans des eaux,
De la Seine et du Rhône ont soulevé les flots,
Le limon croupissant dans leurs grottes profondes
S'élève en bouillonnant, sur la face des ondes ;
Ainsi dans les fureurs de ces embrâsemens
Qui changent les cités en de funestes champs,
Le fer, l'airain, le plomb, que les feux amollissent,
Se mêlent dans la flamme à l'or qu'ils obscurcissent.
   Dans ces jours de tumulte et de sédition,
Thémis résistait seule à la contagion ;
La soif de s'agrandir, la crainte, l'espérance,
Rien n'avait dans ses mains fait pencher sa balance ;
Son temple était sans tache, et la simple équité
Auprès d'elle, en fuyant, cherchait sa sûreté.
   Il était dans ce temple un sénat vénérable,
Propice à l'innocence, au crime redoutable,
Qui, des lois de son prince et l'organe et l'appui,
Marchait d'un pas égal entre son peuple et lui.
Dans l'équité des rois sa juste confiance
Souvent porte à leurs pieds les plaintes de la France.
Le seul bien de l'état fait son ambition ;
Il hait la tyrannie et la rebellion ;
Toujours plein de respect, toujours plein de courage,
De la soumission distingue l'esclavage ;
Et, pour nos libertés toujours prompt à s'armer,

Connaît Rome, l'honore, et la sait réprimer.
Des tyrans de la ligue une affreuse cohorte
Du temple de Thémis environne la porte :
Bussi les conduisait ; ce vil gladiateur,
Monté par son audace à ce coupable honneur,
Entre, et parle en ces mots à l'auguste assemblée
Par qui des citoyens la fortune est réglée :
Mercenaires appuis d'un dédale de lois,
Plébéiens, qui pensez être tuteurs des rois,
Lâches, qui dans le trouble et parmi les cabales
Mettez l'honneur honteux de vos grandeurs vénales,
Timides dans la guerre, et tyrans dans la paix,
Obéissez au peuple, écoutez ses décrets.
Il fut des citoyens avant qu'il fût des maîtres.
Nous rentrons dans les droits qu'ont perdus nos ancêtres.
Ce peuple fut long-temps par vous-même abusé ;
Il s'est lassé du sceptre, et le sceptre est brisé.
Effacez ces grands noms, qui vous gênaient sans doute ;
Ces mots de *plein pouvoir*, qu'on hait et qu'on redoute :
Jugez au nom du peuple ; et tenez au sénat,
Non la place du roi, mais celle de l'état :
Imitez la Sorbonne, ou craignez ma vengeance.
Le sénat répondit par un noble silence.
Tels, dans les murs de Rome abbattus et brûlans,
Ces sénateurs courbés sous le fardeau des ans
Attendaient fièrement, sur leur siége immobiles,
Les Gaulois et la mort avec des yeux tranquilles.
Bussi, plein de fureur, et non pas sans effroi :
Obéissez, dit-il, tyrans, ou suivez-moi....
Alors Harlay se lève, Harlay, ce noble guide,
Ce chef d'un parlement juste autant qu'intrépide;
Il se présente aux Seize, et demande des fers
Du front dont il aurait condamné ces pervers.
On voit auprès de lui les chefs de la justice,
Brûlant de partager l'honneur de son supplice,
Victimes de la foi qu'on doit aux souverains,
Tendre aux fers des tyrans leurs généreuses mains.
Muse, redites-moi ces noms chers à la France ;
Consacrez ces héros qu'opprima la licence.

LA HENRIADE,

Le vertueux de Thou, Molé, Scarron, Bayeul,
Potier cet homme juste, et vous. jeune Longueil,
Vous, en qui, pour hâter vos belles destinées,
L'esprit et la vertu devançaient les années.
Tout le sénat enfin, par les Seize enchaîné,
A travers un vil peuple en triomphe est mené
Dans cet affreux château, palais de la vengeance,
Qui renferme souvent le crime et l'innocence.
Ainsi ces factieux ont changé tout l'état ;
La Sorbonne est tombée, il n'est plus de sénat.....
Mais pourquoi ce concours et ces cris lamentables?
Pourquoi ces instrumens de la mort des coupables?
Qui sont ces magistrats que la main d'un bourreau,
Par l'ordre des tyrans, précipite au tombeau ?
Les vertus dans Paris ont le destin des crimes.
Brison, Larcher, Tardif, honorables victimes,
Vous n'êtes point flétris par ce honteux trépas :
Mânes trop généreux, vous n'en rougissez pas ;
Vos noms toujours fameux vivront dans la mémoire;
Et qui meurt pour son roi meurt toujours avec gloire.

Cependant la Discorde, au milieu des mutins,
S'applaudit du succès de ses affreux desseins.
D'un air fier et content, sa cruauté tranquille
Contemple les effets de la guerre civile ;
Dans ces murs tout sanglans, des peuples malheureux,
Unis contre leur prince, et divisés entre eux,
Jouets infortunés des fureurs intestines,
De leur triste patrie avançant les ruines ;
Le tumulte au dedans, le péril au dehors,
Et par-tout le débris, le carnage, et les morts.

FIN DU CHANT QUATRIÈME.

CHANT V.

ARGUMENT.

Les assiégés sont vivement pressés. La Discorde excite
Jacques Clément à sortir de Paris pour assassiner le roi.
Elle appelle au fond des enfers le démon du Fanatisme,
qui conduit ce parricide. Sacrifice des ligueurs aux es-
prits infernaux. Henri III est assassiné. Sentiment de
Henri IV. Il est reconnu roi par l'armée.

Cependant s'avançaient ces machines mortelles
Qui portaient dans leur sein la perte des rebelles:
Et le fer, et le feu, volant de toutes parts,
De cent bouches d'airain foudroyaient leurs remparts.
Les Seize et leur courroux, Mayenne et sa prudence,
D'un peuple mutiné la farouche insolence,
Des docteurs de la loi les scandaleux discours,
Contre le grand Henri n'étoient qu'un vain secours:
La victoire, à grands pas, s'approchait sur ses traces.
Sixte, Philippe, Rome, éclataient en menaces:
Mais Rome n'était plus terrible à l'univers;
Ses foudres impuissans se perdaient dans les airs;
Et du vieux Castillan la lenteur ordinaire
Privait les assiégés d'un secours nécessaire.
Ses soldats dans la France errans de tous côtés,
Sans secourir Paris, désolaient nos cités.
Le perfide attendait que la ligue épuisée
Pût offrir à son bras une conquête aisée;
Et l'appui dangereux de sa fausse amitié
Leur préparait un maître, au lieu d'un allié;
Lorsque d'un furieux la main déterminée
Sembla, pour quelque temps, changer la destiné.

Vous, des murs de Paris, tranquilles habitans,
Que le ciel a fait naître en de plus heureux temps,
Pardonnez si ma main retrace à la mémoire
De vos aïeux séduits la criminelle histoire.
L'horreur de leurs forfaits ne s'étend point sur vous:
Votre amour pour vos rois les a réparés tous.
    L'église a de tout temps produit des solitaires
Qui, rassemblés entre eux par des règles sévères,
Et distingués en tout du reste des mortels,
Se consacraient à Dieu par des vœux solennels.
Les uns sont demeurés dans une paix profonde,
Toujours inaccessibles aux vains attraits du monde;
Jaloux de ce repos qu'on ne peut leur ravir,
Ils ont fui les humains, qu'ils auraient pu servir :
Les autres, à l'état rendus plus nécessaires,
Ont éclairé l'église, ont monté dans les chaires;
Mais souvent, enivrés de ses talens flatteurs,
Répandus dans le siècle, ils en ont pris les mœurs;
Leur sourde ambition n'ignore point les brigues;
Souvent plus d'un pays s'est plaint de leurs intrigues.
Ainsi, chez les humains, par un abus fatal,
Le bien le plus parfait est la source du mal.
    Ceux qui de Dominique ont embrassé la vie
Ont vu long-temps leur secte en Espagne établie;
Et, de l'obscurité des plus humbles emplois,
Ont passé tout-à-coup dans les palais des rois.
Avec non moins de zèle, et bien moins de puissance,
Cet ordre respecté fleurissait dans la France,
Protégé par les rois, paisible, heureux enfin
Si le traître Clément n'eût été dans son sein.
    Clément dans la retraite avait, dès son jeune âge,
Porté les noirs accès d'une vertu sauvage.
Esprit faible et crédule en sa dévotion,
Il suivait le torrent de la rebellion.
Sur ce jeune insensé la Discorde fatale
Répandit le venin de sa bouche infernale.
Prosterné chaque jour aux pieds des saints autels,
Il fatiguait les cieux de ses vœux criminels.

On dit que, tout souillé de cendre et de poussière,
Un jour il prononça cette horrible prière :
  Dieu qui venges l'église et punis les tyrans,
Te verra-t-on sans cesse accabler tes enfans,
Et, d'un roi qui t'outrage, armant les mains impures,
Favoriser le meurtre et bénir les parjures ?
Grand Dieu ! par tes fléaux c'est trop nous éprouver ;
Contre tes ennemis daigne enfin t'élever ;
Détourne loin de nous la mort et la misère ;
Délivre-nous d'un roi donné dans ta colère :
Viens, des cieux irrités abaisse la hauteur,
Fais marcher devant toi l'ange exterminateur ;
Viens, descends, arme-toi ; que ta foudre enflammée
Frappe, écrase à nos yeux leur sacrilége armée ;
Que les chefs, les soldats, les deux rois expirans,
Tombent comme la feuille éparse au gré des vents ;
Et que, sauvés par toi, nos ligueurs catholiques
Sur leurs corps tout sanglans t'adressent leurs cantiques !
  La Discorde attentive, en traversant les airs,
Entend ces cris affreux, et les porte aux enfers.
Elle amène à l'instant, de ces royaumes sombres,
Le plus cruel tyran de l'empire des ombres.
Il vient, le Fanatisme est son horrible nom :
Enfant dénaturé de la religion,
Armé pour la défendre, il cherche à la détruire,
Et reçu dans son sein, l'embrasse et la déchire.
  C'est lui qui, dans Raba, sur les bords de l'Arnon,
Guidait les descendans du malheureux Ammon,
Quand à Moloc, leur dieu, des mères gémissantes
Offraient de leurs enfans les entrailles fumantes.
Il dicta de Jephté le serment inhumain :
Dans le cœur de sa fille il conduisit sa main.
C'est lui qui, de Calchas ouvrant la bouche impie,
Demanda par sa voix la mort d'Iphigénie.
France, dans tes forêts il habita long-temps.
A l'affreux Teutatès il offrit ton encens :
Tu n'as point oublié ces sacrés homicides
Qu'à tes indignes dieux présentaient tes Druïdes.

5

Du haut du Capitole il criait aux païens :
Frappez, exterminez, déchirez les chrétiens.
Mais lorsqu'au fils de Dieu Rome enfin fut soumise,
Du Capitole en cendre il passa dans l'église ;
Et, dans les cœurs chrétiens inspirant ses fureurs,
De martyrs qu'ils étaient, les fit persécuteurs.
Dans Londre il a formé la secte turbulente
Qui sur un roi trop faible a mis sa main sanglante.
Dans Madrid, dans Lisbonne, il allume ces feux,
Ces bûchers solennels, où des Juifs malheureux
Sont, tous les ans, en pompe envoyés par des prêtres,
Pour n'avoir point quitté la foi de leurs ancêtres.
　Toujours il revêtait, dans ses déguisemens,
Des ministres des cieux les sacrés ornemens :
Mais il prit cette fois dans la nuit éternelle,
Pour des crimes nouveaux, une forme nouvelle ;
L'audace et l'artifice en firent les apprêts.
Il emprunte de Guise et la taille et les traits,
De ce superbe Guise en qui l'on vit paraître
Le tyran de l'état et le roi de son maître,
Et qui toujours puissant, même après son trépas,
Traînait encor la France à l'horreur des combats.
D'un casque redoutable il a chargé sa tête :
Un glaive est dans sa main au meurtre toujours prête,
Son flanc même est percé des coups dont autrefois
Ce héros factieux fut massacré dans Blois ;
Et la voix de son sang, qui coule en abondance,
Semble accuser Valois et demander vengeance.
　Ce fut dans ce terrible et lugubre appareil,
Qu'au milieu des pavots que verse le sommeil
Il vint trouver Clément au fond de sa retraite.
La superstition, la cabale inquiète,
Le faux zèle enflammé d'un courroux éclatant,
Veillaient tous à sa porte, et l'ouvrent à l'instant.
Il entre, et d'une voix majestueuse et fière :
Dieu reçoit, lui dit-il, tes vœux et ta prière ;
Mais n'aura-t-il de toi, pour culte et pour encens,
Qu'une plainte éternelle, et des vœux impuissans?

Au Dieu que sert la ligue il faut d'autres offrandes;
Il exige de toi les dons que tu demandes.
Si Judith autrefois, pour sauver son pays.
N'eût offert à son Dieu que des pleurs et des cris;
Si, craignant pour les siens, elle eût craint pour sa vie,
Judith eût vu tomber les murs de Béthulie.
Voilà les saints exploits que tu dois imiter,
Voilà l'offrande enfin que tu dois présenter.
Mais tu rougis déjà de l'avoir différée...
Cours, vole; et que ta main, dans le sang consacrée,
Délivrant les Français de leur indigne roi,
Venge Paris, et Rome, et l'univers, et moi.
Par un assassinat Valois trancha ma vie;
Il faut d'un même coup punir sa perfidie.
Mais du nom d'assassin ne prends aucun effroi;
Ce qui fut crime en lui sera vertu dans toi.
Tout devient légitime à qui venge l'église:
Le meurtre est juste alors; et le ciel l'autorise.
Que dis-je! il le commande; il t'instruit par ma voix
Qu'il a choisi ton bras pour la mort de Valois:
Heureux, si tu pouvais, consommant sa vengeance,
Joindre le Navarrois au tyran de la France;
Et si de ces deux rois tes citoyens sauvés
Te pouvaient...! Mais les temps ne sont pas arrivés.
Bourbon doit vivre encor; le Dieu qu'il persécute
Réserve à d'autres mains la gloire de sa chûte.
Toi, de ce Dieu jaloux remplis les grands desseins,
Et reçois ce présent qu'il te fait par mes mains.
      Le fantôme, à ces mots, fait briller une épée
Qu'aux infernales eaux la haine avait trempée;
Dans la main de Clément il met ce don fatal;
Il fuit, et se replonge au séjour infernal.
      Trop aisément trompé, le jeune solitaire
Des intérêts des cieux se crut dépositaire.
Il baise avec respect ce funeste présent;
Il implore à genoux le bras du Tout-puissant;
Et, plein du monstre affreux dont la fureur le guide,
D'un air sanctifié s'apprête au parricide.

Combien le cœur de l'homme est soumis à l'erreur!
Clément goûtait alors un paisible bonheur :
Il était animé de cette confiance
Qui dans les cœurs des saints affermit l'innocence :
Sa tranquille fureur marche les yeux baissés ;
Ses sacriléges vœux au ciel sont adressés ,
Son front de la vertu porte l'empreinte austère ;
Et son fer parricide est caché sous sa haire.
Il marche : ses amis , instruits de son dessein ,
Et de fleurs sous ses pas parfumant son chemin ,
Remplis d'un saint respect, aux portes le conduisent.
Bénissent son dessein, l'encouragent, l'instruisent,
Placent déjà son nom parmi les noms sacrés
Dans les fastes de Rome à jamais révérés ;
Le nomment à grands cris le vengeur de la France,
Et , l'encens à la main, l'invoquent par avance.
C'est avec moins d'ardeur, avec moins de transport,
Que les premiers chrétiens , avides de la mort,
Intrépides soutiens de la foi de leurs pères,
Au martyre autrefois accompagnaient leurs frères;
Enviaient les douceurs de leur heureux trépas,
Et baisaient, en pleurant, les traces de leurs pas.
Le fanatique aveugle , et le chrétien sincère,
Ont porté trop souvent le même caractère.
Ils ont même courage , ils ont mêmes desirs :
Le crime a ses héros; l'erreur a ses martyrs.
Du vrai zèle et du faux vains juges que nous sommes,
Souvent des scélérats ressemblent aux grands hommes.

Mayenne, dont les yeux savent tout éclairer,
Voit le coup qu'on prépare, et feint de l'ignorer.
De ce crime odieux son prudent artifice
Songe à cueillir le fruit sans en être complice :
Il laisse avec adresse aux plus séditieux
Le soin d'encourager ce jeune furieux.
Tandis que des ligueurs une troupe homicide
Aux portes de Paris conduisait le perfide,
Des Seize en même temps le sacrilége effort
Sur cet événement interrogeait le sort.

Jadis de Médicis l'audace curieuse
Chercha de ces secrets la science odieuse,
Approfondit long-temps cet art surnaturel
Si souvent chimérique, et toujours criminel.
Tout suivit son exemple ; et le peuple imbécille,
Des vices de la cour imitateur servile,
Epris du merveilleux, amant des nouveautés,
S'abandonnait en foule à ces impiétés.
      Dans l'ombre de la nuit, sous une voûte obscure,
Le silence a conduit leur assemblée impure.
A la pâle lueur d'un magique flambeau
S'élève un vil autel dressé sur un tombeau :
C'est là que des deux rois on plaça les images,
Objets de leur terreur, objets de leurs outrages.
Leurs sacriléges mains ont mêlé, sur l'autel,
A des noms infernaux le nom de l'Eternel.
Sur ces murs ténébreux des lances sont rangées,
Dans des vases de sang leurs pointes sont plongées,
Appareil menaçant de leur mystère affreux.
Le prêtre de ce temple est un de ces Hébreux
Qui, proscrits sur la terre, et citoyens du monde,
Portent de mers en mers leur misère profonde,
Et d'un antique amas de superstitions
Ont rempli dès long-temps toutes les nations.
D'abord ; autour de lui, les ligueurs en furie
Commencent, à grands cris, ce sacrifice impie.
Leurs parricides bras se lavent dans le sang ;
De Valois sur l'autel ils vont percer le flanc ;
Avec plus de terreur, et plus encore de rage
De Henri sous leurs pieds ils renversent l'image ;
Et pensent que la mort, fidèle à leur courroux,
Va transmettre à ces rois l'atteinte de leurs coups.
      L'Hébreu joint cependant la prière au blasphême :
Il invoque l'abîme, et les cieux, et Dieu même,
Tous ces impurs esprits qui troublent l'univers,
Et le feu de la foudre, et celui des enfers.
      Tel fut, dans Gelboa, le secret sacrifice
Qu'à ses dieux infernaux offrit la Pythonise,

**

Alors qu'elle évoqua, devant un roi cruel,
Le simulacre affreux du prêtre Samuel.
Ainsi, contre Juda, du haut de Samarie,
Des prophètes menteurs tonnait la bouche impie :
Ou tel, chez les Romains, l'inflexible Atéius
Maudit, au nom des dieux, les armes de Crassus.
Aux magiques accens que sa bouche prononce,
Les Seize osent du ciel attendre la réponse ;
A dévoiler leur sort ils pensent le forcer.
Le ciel, pour les punir, voulut les exaucer :
Il interrompt pour eux les lois de la nature ;
De ces autres muets sort un triste murmure ;
Les éclairs redoublés dans la profonde nuit,
Poussent un jour affreux qui renaît et qui fuit.
Au milieu de ces feux, Henri, brillant de gloire,
Apparaît à leurs yeux sur un char de victoire :
Des lauriers couronnaient son front noble et serein :
Et le sceptre des rois éclatait dans sa main.
L'air s'embrase à l'instant par les traits du tonnerre,
L'autel couvert de feux tombe et fuit sous la terre ;
Et les Seize éperdus, l'Hébreu saisi d'horreur,
Vont cacher dans la nuit leur crime et leur terreur.

Ces tonnerres, ces feux, ce bruit épouvantable,
Annonçaient à Valois sa perte inévitable.
Dieu, du haut de son trone, avait compté ses jours,
Il avait loin de lui retiré son secours :
La mort impatiente attendait sa victime ;
Et, pour perdre Valois Dieu permettait un crime.
Clément au camp royal a marché sans effroi.
Il arrive, il demande à parler à son roi ;
Il dit que, dans ces lieux amené par Dieu même,
Il y vient rétablir les droits du diadème,
Et révéler au roi des secrets importans.
On l'interroge, on doute, on l'observe long-temps,
On craint sous cet habit un funeste mystère.
Il subit sans alarme un examen sévère ;
Il satisfait à tout avec simplicité.

Chacun, dans ses discours, croit voir la vérité.
La garde aux yeux du roi le fait enfin paraître.

L'aspect du souverain n'étonna point ce traître.
D'un air humble et tranquille il fléchit les genoux,
Il observe à loisir la place de ses coups ;
Et le mensonge adroit, qui conduisait sa langue,
Lui dicta cependant sa perfide harangue.
Souffrez, dit-il, grand roi, que ma timide voix
S'adresse au Dieu puissant qui fait régner les rois,
Permettez, avant tout, que mon cœur le bénisse
Des biens que va sur vous répandre sa justice.
Le vertueux Potier, le prudent Villeroi,
Parmi vos ennemis vous ont gardé leur foi ;
Harlay, le grand Harlay, dont l'intrépide zèle
Fut toujours formidable à ce peuple infidèle,
Du fond de sa prison réunit tous les cœurs,
Rassemble vos sujets, et confond les ligueurs.
Dieu, qui, bravant toujours les puissans et les sages,
Par la main la plus faible accomplit ses ouvrages,
Devant le grand Harlay lui-même m'a conduit.
Rempli de sa lumière, et par sa bouche instruit,
J'ai volé vers mon prince, et vous rend cette lettre,
Qu'à mes fidèles amis Harlay vient de remettre.

Valois reçoit la lettre avec empressement.
Il bénissait les cieux d'un si prompt changement.
Quand pourrai-je, dit-il, au gré de ma justice,
Récompenser ton zèle, et payer ton service ?
En lui disant ces mots, il lui tendait les bras :
Le monstre au même instant tire son coutelas,
L'en frappe, et dans le flanc l'enfonce avec furie.
Le sang coule ; on s'étonne, on s'avance, on s'écrie :
Mille bras sont levés pour punir l'assassin :
Lui, sans baisser les yeux, les voit avec dédain ;
Fier de son parricide, et quitte envers la France,
Il attend à genoux la mort pour récompense :
De la France et de Rome il croit être l'appui,
Il pense voir les cieux qui s'entr'ouvrent pour lui ;
Et, demandant à Dieu la palme du martyre,

Il bénit, en tombant, les coups dont il expire.
Aveuglement terrible, affreuse illusion,
Digne à la fois d'horreur et de compassion,
Et de la mort du roi moins coupable peut-être
Que ces lâches docteurs, ennemis de leur maître,
Dont la voix, répandant un funeste poison,
D'un faible solitaire égara la raison !

Déjà Valois touchait à son heure dernière,
Ses yeux ne voyaient plus qu'un reste de lumière,
Ses courtisans en pleurs, autour de lui rangés ,
Par leurs desseins divers en secret partagés,
D'une commune voix formant les mêmes plaintes,
Exprimaient des douleurs ou sincères ou feintes.
Quelques-uns, que flattait l'espoir du changement,
Du danger de leur roi s'affligeaient faiblement ;
Les autres, qu'occupait leur crainte intéressée,
Pleuraient, au lieu du roi, leur fortune passée.
Parmi ce bruit confus de plaintes, de clameurs,
Henri, vous répandiez de véritables pleurs;
Il fut votre ennemi ; mais les cœurs nés sensibles
Sont aisément émus dans ces momens horribles.
Henri ne se souvient que de son amitié :
En vain son intérêt combattait sa pitié;
Ce héros vertueux se cachait à lui-même
Que la mort de son roi lui donne un diadème.

Valois tourna sur lui, par un dernier effort,
Ses yeux appesantis qu'allait fermer la mort ;
Et, touchant de sa main ses mains victorieuses,
Retenez, lui dit-il, vos larmes généreuses :
L'univers indigné doit plaindre votre roi;
Vous, Bourbon, combattez, régnez, et vengez-moi.
Je meurs, et je vous laisse, au milieu des orages,
Assis sur un écueil couvert de mes naufrages.
Mon trône vous attend, mon trône vous est dû :
Jouissez de ce bien par vos mains défendu :
Mais songez que la foudre en tout temps l'environne
Craignez, en y montant, ce Dieu qui vous le donne.
Puissiez-vous, détrompé d'un dogme criminel,

Rétablir de vos mains son culte et son autel !
Adieu, régnez heureux; qu'un plus puissant génie
Du fer des assassins défende votre vie.
Vous connaissez la ligue, et vous voyez ses coups:
Ils ont passé pour moi pour aller jusqu'à vous;
Peut-être un jour viendra qu'une main plus barbare...
Juste Ciel, épargnez une vertu si rare !
Permettez... A ces mots l'impitoyable mort
Vient fondre sur sa tête et termine son sort.

Au bruit de son trépas, Paris se livre en proie
Aux transports odieux de sa coupable joie;
De cent cris de victoire ils remplissent les airs :
Les travaux sont cessés, les temples sont ouverts ;
De couronnes de fleurs ils ont paré leurs têtes;
Ils consacrent ce jour à d'éternelles fêtes.
Bourbon n'est à leurs yeux qu'un héros sans appui,
Qui n'a plus que sa gloire et sa valeur pour lui.
Pourra-t-il résister à la ligue affermie,
A l'église en courroux, à l'Espagne ennemie,
Aux traits du Vatican, si craints, si dangereux,
A l'or du nouveau monde, encor plus puissant qu'eux?
Déjà quelques guerriers, funestes politiques,
Plus mauvais citoyens que zélés catholiques,
D'un scrupule affecté colorant leur dessein,
Séparent leurs drapeaux des drapeaux du Calvin;
Mais le reste, enflammé d'une ardeur plus fidèle,
Pour la cause des rois redouble encor son zèle.
Ces amis éprouvés, ces généreux soldats,
Que long-temps la victoire a conduits sur ses pas,
De la France incertaine ont reconnu le maître:
Tout leur camp réuni le croit digne de l'être.
Ces braves chevaliers, les Grivis, les d'Aumonts,
Les grands Montmorencis, les Sancis, les Crillons,
Lui jurent de le suivre aux deux bouts de la terre :
Moins faits pour disputer, que formés pour la guerre,
Fidèles à leur Dieu, fidèles à leurs lois,
C'est l'honneur qui leur parle; ils marchent à sa voix.

Mes amis, dit Bourbon, c'est vous dont le courage

Des héros de mon sang me rendra l'héritage :
Les pairs, et l'huile sainte, et le sacre des rois,
Font les pompes du trône, et ne font pas mes droits.
C'est sur un bouclier qu'on vit vos premiers maîtres
Recevoir les sermens de vos braves ancêtres.
Le champ de la victoire est le temple où vos mains
Doivent aux nations donner leurs souverains.

    C'est ainsi qu'il s'explique ; et bientôt il s'apprête
A mériter son trône, en marchant à leur tête.

FIN DU CHANT CINQUIÈME.

CHANT VI.

ARGUMENT.

Après la mort de Henri III, les états de la ligue s'assemblént dans Paris pour choisir un roi. Tandis qu'ils sont occupés de leurs deliberations, Henri IV livre un assaut à la ville : l'assemblée des états se sépare : ceux qui la composaient vont combattre sur les remparts : description de ce combat. Apparition de saint Louis à Henri IV.

C'est un usage antique, et sacré parmi nous,
Quand la mort sur le trone étend ses rudes coups,
Et que du sang des rois, si cher à la patrie,
Dans ses derniers canaux la source s'est tarie;
Le peuple au même instant rentre en ses premiers droits,
Il peut choisir un maître, il peut changer ses lois;
Les états assemblés, organe de la France,
Nomment un souverain, limitent sa puissance.
Ainsi de nos aïeux les augustes décrets
Au rang de Charlemagne ont placé les Capets.
La ligue audacieuse, inquiète, aveuglée,
Ose de ses états ordonner l'assemblée,
Et croit avoir acquis par un assassinat
Le droit d'élire un maître et de changer l'état.
Ils pensaient, à l'abri d'un trône imaginaire,
Mieux repousser Bourbon, mieux tromper le vulgaire.
Ils croyaient qu'un monarque unirait leurs desseins;
Que sous ce nom sacré leurs droits seraient plus saints;
Qu'injustement élu c'était beaucoup de l'être;
Et qu'enfin, quelqu'il soit, le Français veut un maître.
  Bientôt à ce conseil accourent à grand bruit
Tous ces chefs obstinés qu'un fol orgueil conduit,
Les Lorrains, les Nemours, des prêtres en furie,

L'ambassadeur de Rome , et celui d'Ibérie,
Ils marchent vers le Louvre, où, par un nouveau choix,
Ils allaient insulter aux mânes de nos rois.
Le luxe , toujours né des misères publiques,
Prépare avec éclat ces états tyranniques.
Là, ne parurent point ces princes, ces seigneurs,
De nos antiques pairs augustes successeurs,
Qui, près des rois assis nés juges de la France,
Du pouvoir qu'ils n'ont plus ont encor l'apparence.
Là, de nos parlemens les sages députés
Ne défendirent point nos faibles libertés ;
On n'y vit point des lis l'appareil ordinaire ;
Le Louvre est étonné de sa pompe étrangère.
Là , le légat de Rome est d'un siége honoré:
Près de lui, pour Mayenne, un dais est préparé.
Sous ce dais on lisait ces mots épouvantables:
» Rois qui jugez la terre, et dont les mains coupables
« Osent tout entreprendre et ne rien épargner,
« Que la mort de Valois vous apprenne à régner ! »
    On s'assemble ; et déjà les partis , les cabales ,
Font retentir ces lieux de leurs voix infernales.
Le bandeau de l'erreur aveugle tous les yeux.
L'un, des faveurs de Rome esclave ambitieux,
S'adresse au légat seul, et devant lui déclare
Qu'il est temps que les lis rampent sous la tiare ;
Qu'on érige à Paris ce sanglant tribunal,
Ce monument affreux du pouvoir monacal,
Que l'Espagne a reçu, mais qu'elle-même abhorre,
Qui venge les autels et qui les déshonore,
Qui , tout couvert de sang, de flammes entouré,
Egorge les mortels avec un fer sacré.
Comme si nous vivions dans ces temps déplorables
Où la terre adorait des dieux impitoyables,
Que des prêtres menteurs , encor plus inhumains,
Se vantaient d'apaiser par le sang des humains !
    Celui-ci, corrompu par l'or de l'Ibérie,
A l'Espagnol qu'il hait veut vendre sa patrie.
    Mais un parti puissant, d'une commune voix,
Plaçait déjà Mayenne au trône de nos rois.

Ce rang manquait encore à sa vaste puissance,
Et de ses vœux hardis l'orgueilleuse espérance
Dévorait en secret, dans le fond de son cœur,
De ce grand nom de roi le dangereux honneur.
   Soudain Potier se lève et demande audience.
Sa rigide vertu faisait son éloquence.
Dans ce temps malheureux, par le crime infecté,
Potier fut toujours juste, et pourtant respecté.
Souvent on l'avait vu, par sa mâle constance,
De leurs emportemens réprimer la licence,
Et, conservant sur eux sa vieille autorité,
Leur montrer la justice avec impunité.
Il élève sa voix; on murmure, on s'empresse,
On l'entoure, on l'écoute; et le tumulte cesse.
Ainsi, dans un vaisseau qu'ont agité les flots,
Quand l'air n'est plus frappé des cris des matelots,
On n'entend que le bruit de la proue écumante,
Qui fend, d'un cours heureux, la mer obéissante,
Tel paraissait Potier dictant ses justes lois;
Et la confusion se taisait à sa voix.
   « Vous destinez, dit-il, Mayenne au rang suprême,
Je conçois votre erreur, je l'excuse moi-même.
Mayenne a des vertus qu'on ne peut trop chérir;
Et je le choisirais, si je pouvais choisir.
Mais nous avons nos lois; et ce héros insigne,
S'il prétend à l'empire, en est dès-lors indigne. »
   Comme il disait ces mots, Mayenne entre soudain,
Avec tout l'appareil qui suit un souverain.
Potier le voit entrer sans changer de visage:
« Oui, prince, poursuit-il d'un ton plein de courage,
Je vous estime assez pour oser contre vous
Vous adresser ma voix pour la France et pour vous.
En vain nous prétendons le droit d'élire un maître:
La France a des Bourbons; et Dieu vous a fait naître
Près de l'auguste rang qu'ils doivent occuper,
Pour soutenir leur trône, et non pour l'usurper.
Guise, du sein des morts, n'a plus rien à prétendre,
Le sang d'un souvain doit suffire à sa cendre;
S'il mourut par un crime, un crime l'a vengé.

Changez avec l'état, que le ciel a changé:
Périsse avec Valois votre juste colère!
Bourbon n'a point versé le sang de votre frère.
Le ciel, ce juste ciel qui vous chérit tous deux,
Pour vous rendre ennemis vous fit trop vertueux.
Mais j'entends le murmure, et la clameur publique:
J'entends ces noms affreux de relaps, d'hérétique:
Je vois d'un zèle faux nos prêtres emportés,
Qui, le fer à la main.... Malheureux, arrêtez!
Quelle loi, quel exemple, ou plutôt quelle rage
Peut à l'oint du Seigneur arracher votre hommage?
Le fils de saint Louis, parjure à ses sermens,
Vient-il de nos autels briser les fondemens?
Au pied de ces autels il demande à s'instruire;
Il aime, il suit les lois dont vous bravez l'empire.
Il sait dans toute secte honorer les vertus,
Respecter votre culte, et même vos abus.
Il laisse au Dieu vivant, qui voit ce que nous sommes,
Le soin que vous prenez de condamner les hommes.
Comme un roi, comme un père, il vient vous gouverner;
Et, plus chrétien que vous, il vient vous pardonner.
Tout est libre avec lui; lui seul ne peut-il l'être?
Quel droit vous a rendus juges de votre maître?
Infidèles pasteurs, indignes citoyens,
Que vous ressemblez mal à ces premiers chrétiens
Qui, bravant tous ces dieux de métal ou de plâtre,
Marchaient sans murmurer sous un maître idolâtre,
Expiraient sans se plaindre, et sur les échafauds,
Sanglans, percés de coups, bénissaient leurs bourrèaux!
Eux seuls étaient chrétiens, je n'en connais point d'autres;
Ils mouroient pour leurs rois, vous massacrez les vôtres:
Et Dieu, que vous peignez implacable et jaloux,
S'il aime à se venger, barbares, c'est de vous. »
    A ce hardi discours aucun n'osait répondre;
Par des traits trop puissans ils se sentaient confondre;
Ils repoussaient en vain de leur cœur irrité
Cet effroi qu'aux méchans donne la vérité;
Le dépit et la crainte agitaient leurs pensées:
Quand soudain mille voix jusqu'au ciel élancées

Font par-tout retentir, avec un bruit confus :
Aux armes, citoyens, ou nous sommes perdus !
Les nuages épais que formait la poussière
Du soleil dans les champs dérobaient la lumière.
Des tambours, des clairons, le son remplit d'horreur
De la mort qui les suit était l'avant-coureur.
Tels les antres du nord échappés sur la terre,
Précédés par les vents, et suivis du tonnerre ;
D'un tourbillon de poudre obscurcissant les airs,
Les orages fougueux parcourent l'univers.
C'était du grand Henri la redoutable armée,
Qui, lasse du repos, et de sang affamée,
Faisait entendre au loin ses formidables cris,
Remplissait la campagne, et marchait vers Paris.
Bourbon n'employait point ces momens salutaires
A rendre au dernier roi les honneurs ordinaires,
A parer son tombeau de ces titres brillans
Que reçoivent les morts de l'orgueil des vivans :
Ses mains ne chargeaient point les rives désolées
De l'appareil pompeux de ces vains mausolées
Par qui, malgré l'injure et des temps et du sort,
La vanité des grands triomphe de la mort :
Il voulait à Valois, dans la demeure sombre,
Envoyer des tributs plus dignes de son ombre,
Punir ses assassins, vaincre ses ennemis,
Et rendre heureux son peuple, après l'avoir soumis.
Au bruit inopiné des assauts qu'il prépare,
Des états consternés le conseil se sépare.
Mayenne, au même instant, court au haut des remparts ;
Le soldat rassemblé vole à ses étendards :
Il insulte à grands cris le héros qui s'avance.
Tout est prêt pour l'attaque, et tout pour la défense.
Paris n'était point tel, en ce temps orageux,
Qu'il paraît en nos jours aux Français trop heureux.
Cent forts qu'avaient bâtis la fureur et la crainte,
Dans un moins vaste espace enfermaient son enceinte.
Ces faubourgs, aujourd'hui si pompeux et si grands,
Que la main de la paix tient ouverts en tout temps,
D'une immense cité superbes avenues,

Où nos palais dorés se perdent dans les nues,
Etaient de longs hamaux de remparts entourés,
Par un fossé profond de Paris séparés.
Du côté du levant bientôt Bourbon s'avance.
Le voilà qui s'approche; et la mort le dévance.
Le fer avec le feu vole de toutes parts
Des mains des assiégeans et du haut des remparts.
Ces remparts menaçans, leurs tours et leurs ouvrages,
S'écroulent sous les traits de ces brûlans orages:
On voit les bataillons rompus et renversés,
Et loin d'eux dans les champs leurs membres dispersés.
Ce que le fer atteint tombe réduit en poudre;
Et chacun des partis combat avec la foudre.

Jadis avec moins d'art, au milieu des combats,
Les malheureux mortels avançaient leur trépas;
Avec moins d'appareil ils volaient au carnage;
Et le fer dans leurs mains suffisait à leur rage.
De leurs cruels enfans l'effort industrieux
A dérobé le feu qui brûle dans les cieux.
On entendait gronder ces bombes effroyables,
Des troubles de la Flandre enfans abominables:
Dans ces globes d'airain le salpêtre enflammé
Vole avec la prison qui le tient renfermé;
Il la brise, et la mort en sort avec furie.

Avec plus d'art encore, et plus de barbarie,
Dans des antres profonds on a su renfermer
Des foudres souterrains tout prêts à s'allumer.
Sous un chemin trompeur, où, volant au carnage,
Le soldat valeureux se fie à son courage,
On voit en un instant des abîmes ouverts,
Dé noirs torrens de souffre épandus dans les airs,
Des bataillons entiers, par ce nouveau tonnerre,
Emportés, déchirés, engloutis sous la terre.
Ce sont là les dangers où Bourbon va s'offrir:
C'est par là qu'à son trône il brûle de courir.
Ses guerriers avec lui dédaignaient ces tempêtes;
L'enfer est sous leurs pas, la foudre est sur leurs têtes;
Mais la gloire, à leurs yeux, vole à côté du roi;
Ils ne regardent qu'elle, et marchent sans effroi.

Mornay, parmi les flots de ce torrent rapide,
S'avance d'un pas grave, et non moins intrépide ;
Incapable à la fois de crainte et de fureur,
Sourd au bruit des canons, calme au sein de l'horreur.
D'un œil ferme et stoïque, il regarde la guerre
Comme un fléau du ciel, affreux mais nécessaire.
Il marche en philosophe où l'honneur le conduit,
Condamne les combats, plaint son maître, et le suit.
   Ils descendent enfin dans ce chemin terrible :
Qu'un glacis teint de sang rendait inaccessible :
C'est là que le danger ranime leurs efforts :
Ils comblent les fossés de fascines, de morts,
Sur ces morts entassés ils marchent, ils s'avancent:
D'un cours précipité sur la brèche ils s'élancent.
Armé d'un fer sanglant, couvert d'un bouclier,
Henri vole à leur tête, et monte le premier.
Il monte : il a déjà, de ses mains triomphantes,
Arboré de ses lis les enseignes flottantes.
Les ligueurs, devant lui, demeurent pleins d'effroi :
Ils semblaient respecter leur vainqueur et leur roi.
Ils cédaient : mais Mayenne à l'instant les ranime;
Il leur montre l'exemple, et les rappelle au crime;
Leurs bataillons serrés pressent de toutes parts
Ce roi dont ils n'osaient soutenir les regards.
Sur le mur, avec eux, la Discorde cruelle
Se baigne dans le sang que l'on verse pour elle.
Le soldat, à son gré, sur ce funeste mur,
Combattant de plus près, porte un trépas plus sûr.
Alors on n'entend plus ces foudres de la guerre
Dont les bouches de bronze épouvantaient la terre;
Un farouche silence, enfant de la fureur,
A ces bruyans éclats succède avec horreur.
D'un bras déterminé, d'un œil brûlant de rage,
Parmi ses ennemis chacun s'ouvre un passage.
On saisit, on reprend, par un contraire effort,
Ce rempart teint de sang, théâtre de la mort.
Dans ses fatales mains la victoire incertaine
Tient encor, près des lis, l'étendard de Lorraine.
Les assiégeans surpris sont par-tout renversés,

★★

Cent fois victorieux, et cent fois terrassés ;
Pareils à l'océan poussé par les orages,
Qui couvre, à chaque instant, et qui suit ses rivages.
    Jamais le roi, jamais son illustre rival,
N'avaient été si grands qu'en cet assaut fatal :
Chacun d'eux, au milieu du sang et du carnage,
Maître de son esprit, maître de son courage,
Dispose, ordonne, agit, voit tout en même temps,
Et conduit d'un coup-d'œil ces affreux mouvemens.
    Cependant des Anglais la formidable élite,
Par le vaillant Essex à cet assaut conduite,
Marchait sous nos drapeaux pour la première fois,
Et semblait s'étonner de servir sous nos rois.
Ils viennent soutenir l'honneur de leur patrie,
Orgueilleux de combattre, et de donner leur vie,
Sur ces mêmes remparts et dans ces mêmes lieux
Où la Seine autrefois vit régner leurs aïeux.
Essex monte à la brèche où combattait d'Aumale :
Tous deux jeunes, brillans, pleins d'une ardeur égale ;
Tels qu'aux remparts de Troie on peint les demi dieux,
Leurs amis, tout sanglans, sont en foule autour d'eux :
Français, Anglais, Lorrains, que la fureur assemble,
Avançaient, combattaient, frappaient, mouraient ensemble.
    Ange qui conduisiez leur fureur et leur bras,
Ange exterminateur, ame de ces combats,
De quel héros enfin prîtes-vous la querelle ?
Pour qui pencha des cieux la balance éternelle ?
Long-temps Bourbon, Mayenne, Essex, et son rival,
Assiégeans, assiégés, font un carnage égal.
Le parti le plus juste eut enfin l'avantage :
Enfin Bourbon l'emporte, il se fait un passage ;
Les ligueurs fatigués ne lui résistent plus,
Ils quittent les remparts, ils tombent éperdus.
    Comme on voit un torrent, du haut des Pyrénées,
Menacer des vallons les nymphes consternées ;
Les digues qu'on oppose à ses flots orageux
Soutiennent quelque temps son choc impétueux ;
Mais bientôt, renversant sa barrière impuissante,
Il porte au loin le bruit, la mort et l'épouvante,

Déracine, en passant, ces chênes orgueilleux
Qui bravaient les hivers, et qui touchaient les cieux;
Détache les rochers du penchant des montagnes,
Et poursuit les troupeaux fuyant dans les campagnes.
Tel Bourbon descendait à pas précipités
Du haut des murs fumans qu'il avait emportés:
Tel, d'un bras foudroyant fondant sur les rebelles,
Il moissonne, en courant, leurs troupes criminelles.
Les Seize, avec effroi, fuyaient ce bras vengeur,
Egarés, confondus, dispersés par la peur.
Mayenne ordonne enfin que l'on ouvre les portes:
Il rentre dans Paris, suivi de ses cohortes.
Les vainqueurs furieux, les flambeaux à la main,
Dans les faubourgs sanglans se répandent soudain.
Du soldat effréné la valeur tourne en rage;
Il livre tout au fer, aux flammes, au pillage.
Henri ne les voit point; son vol impétueux
Poursuivait l'ennemi fuyant devant ses yeux.
Sa victoire l'enflamme, et sa valeur l'emporte;
Il franchit les faubourgs, il s'avance à la porte:
Compagnons, apportez et le fer et les feux;
Venez, volez, montez sur ces murs orgueilleux.
Comme il parlait ainsi, du profond d'une nue
Un fantôme éclatant se présente à sa vue:
Son corps majestueux, maître des élémens,
Descendait vers Bourbon sur les ailes des vents:
De la divinité les vives étincelles
Etalaient sur son front des beautés immortelles:
Ses yeux semblaient remplis de tendresse et d'horreur:
« Arrête, cria-t-il, trop malheureux vainqueur!
Tu vas abandonner aux flammes, au pillage,
De cent rois, tes aïeux, l'immortel héritage,
Ravager ton pays, mes temples, tes trésors,
Egorger tes sujets, et régner sur des morts:
Arrête!..» A ces accens, plus forts que le tonnerre,
Le soldat s'épouvante, il embrasse la terre,
Il quitte le pillage. Henri, plein de l'ardeur
Que le combat encore enflammait dans son cœur,
Semblable à l'océan qui s'apaise et qui gronde:

« O fatal habitant de l'invisible monde !
« Que viens-tu m'annoncer dans ce séjour d'horreur ? »
Alors il entendit ces mots pleins de douceur :
« Je suis cet heureux roi que la France révère,
Le père des Bourbon, ton protecteur, ton père ;
Ce Louis qui jadis combattit comme toi ,
Ce Louis dont ton cœur a négligé la foi,
Ce Louis qui te plaint, qui t'admire, et qui t'aime.
Dieu sur ton trône un jour te conduira lui-même ;
Dans Paris, ô mon fils, tu rentreras vainqueur,
Pour prix de ta clémence, et non ta valeur :
C'est Dieu qui t'en instruit, et c'est Dieu qui m'envoie. »
Le héros, à ces mots, verse des pleurs de joie.
La paix a dans son cœur étouffé son courroux : —
Il s'écrie, il soupire, il adore à genoux.
D'une divine horreur son ame est pénétrée:
Trois fois il tend les bras à cette ombre sacrée ;
Trois fois son père échappe à ses embrassemens,
Tel qu'un léger nuage écarté par les vents.

Du faîte cependant de ce mur formidable,
Tous les ligueurs armés, tout un peuple innombrable,
Etrangers et Français, chefs, citoyens, soldats,
Font pleuvoir sur le roi le fer et le trépas.
La vertu du Très-Haut brille autour de sa tête,
Et des traits qu'on lui lance écarte la tempête.
Il vit alors, il vit de quel affreux danger
Le père des Bourbons venait le dégager.
Il contemplait Paris d'un œil triste et tranquille.
Français, s'écria-t-il, et toi, fatale ville,
Citoyens malheureux peuple faible et sans foi,
Jusqu'à quand voulez-vous combattre votre roi ?

Alors, ainsi que l'astre autour de la lumière,
Après avoir rempli sa brûlante carrière,
Au bord de l'horison brille d'un feu plus doux,
Et, plus grand à nos yeux, paraît fuir loin de nous ;
Loin des murs de Paris le héros se retire,
Le cœur plein du saint roi , plein du Dieu qui l'inspire.
Il marche vers Vincenne, où Louis , autrefois,
Au pied d'un chêne assis, dicta ses justes lois.

ue vous êtes changé, séjour jadis aimable!
incenne tu n'est plus qu'un donjon détestable,
u'une prison d'état, qu'un lieu de désespoir,
ù tombe si souvent du faîte du pouvoir
es ministres, ces grands, qui tonnent sur nos têtes,
ui vivent à la cour au milieu des tempêtes,
ppresseurs, opprimés, fiers, humbles, tour-à-tour,
antôt l'horreur du peuple, et tantôt leur amour.
ientôt de l'occident, où se forment les ombres,
a nuit vint sur Paris porter ses voiles sombres,
t cacher aux mortels, en ce sanglant séjour,
es morts et ces combats qu'avait vus l'œil du jour.

FIN DU CHANT SIXIÈME.

CHANT VII.

ARGUMENT.

Saint-Louis transporte Henri IV en esprit au ciel et aux
enfers; et lui fait voir, dans le palais des destins, sa
postérité et les grands hommes que la France doit pro-
duire.

Du Dieu qui nous créa la clémence infinie,
Pour adoucir les maux de cette courte vie,
A placé parmi nous deux êtres bienfaisans,
De la terre à jamais aimables habitans,
Soutiens dans les travaux, trésors dans l'indigence
L'un est le doux sommeil, et l'autre est l'espérance:
L'un, quand l'homme accablé sent de son faible corps
Les organes vaincus sans force et sans ressorts,
Vient par un calme heureux secourir la nature,
Et lui porter l'oubli des peines qu'elle endure;
L'autre anime nos cœurs, enflamme nos desirs;
Et, même en nous trompant, donne de vrais plaisirs;
Mais aux mortels chéris à qui le ciel l'envoie
Elle n'inspire point une infidelle joie;
Elle apporte de Dieu la promesse et l'appui;
Elle est inébranlable, et pure comme lui.

Louis, près de Henri, tous les deux les appelle:
Approchez vers mon fils, venez, couple fidèle.
Le sommeil l'entendit de ses antres secrets:
Il marche mollement vers ces ombrages frais.
Les vents, à son aspect, s'arrêtent en silence;
Les songes fortunés enfans de l'espérance,
Voltigent vers le prince, et couvrent ce héros
D'olive et de lauriers mêlés à leurs pavots.

Louis, en ce moment, prenant son diadème,
Sur le front du vainqueur il le posa lui-même :
Règne, dit-il, triomphe, et sois en tout mon fils :
Tout l'espoir de ma race en toi seul est remis.
Mais le trône, ô Bourbon, ne doit point te suffire ;
Des présens de Louis le moindre est son empire.
C'est peu d'être un héros, un conquérant, un roi ;
Si le ciel ne t'éclaire, il n'a rien fait pour toi.
Tous ces honneurs mondains ne sont qu'un bien stérile,
Des humaines vertus récompense fragile,
Un dangereux éclat qui passe et qui s'enfuit,
Que le trouble accompagne, et que la mort détruit.
Je vais te découvrir un plus durable empire,
Pour te récompenser, bien moins que pour t'instruire.
Viens, obéis, suis-moi par de nouveaux chemins :
Vole au sein de Dieu même, et remplis tes destins.

L'un et l'autre, à ces mots, dans un char de lumière,
Des cieux, en un moment, traversent la carrière.
Tels on voit dans la nuit la foudre et les éclairs
Courir d'un pôle à l'autre, et diviser les airs :
Et telle s'éleva cette nue embrâsée
Qui, dérobant aux yeux le maître d'Elisée,
Dans un céleste char, de flamme environné,
L'emporta loin des bords de ce globe étonné.

Dans le centre éclatant de ces orbes immenses,
Qui n'ont pu nous cacher leur marche et leurs distances,
Luit cet astre du jour par Dieu même allumé,
Qui tourne autour de soi sur son axe enflammé.
De lui partent sans fin des torrens de lumière ;
Il donne, en se montrant, la vie à la matière,
Et dispense les jours, les saisons, et les ans,
A des mondes divers autour de lui flottans.
Ces astres, asservis à la loi qui les presse,
S'attirent dans leur course, et s'évitent sans cesse ;
Et, servant l'un à l'autre et de règle et d'appui,
Se prêtent les clartés qu'ils reçoivent de lui.
Au-delà de leurs cours, et loin dans cet espace
Où la matière nage, et que Dieu seul embrasse,
Sont des soleils sans nombre, et des mondes sans fin.

Dans cet abîme immense il leur ouvre un chemin.
Par-delà tous ces cieux le Dieu des cieux réside.
    C'est là que le héros suit son céleste guide ;
C'est là que sont formés tous ces esprits divers
Qui remplissent les corps et peuplent l'univers.
Là sont, après la mort, nos ames replongées,
De leur prison grossière à jamais dégagées.
    Un juge incorruptible rassemble à ses pieds
Ces immortels esprits que son souffle a créés :
C'est cet être infini qu'on sert et qu'on ignore.
Sous des noms différens le monde entier l'adore.
Du haut de l'empyrée il entend nos clameurs :
Il regarde en pitié ce long amas d'erreurs,
Ces portraits insensés que l'humaine ignorance
Fait avec piété de sa sagesse immense.
    La mort auprès de lui, fille affreuse du temps,
De ce triste univers conduit les habitans :
Elle amène à la fois les bonzes, les brachmanes,
Du grand Confucius les disciples profanes ;
Des antiques Persans les secrets successeurs,
De Zoroastre encore aveugles sectateurs ;
Les pâles habitans de ces froides contrées
Qu'assiégent de glaçons les mers hyperborées ;
Ceux qui de l'Amérique habitent les forêts,
De l'erreur invincible innombrables sujets.
Le dervis étonné, d'une vue inquiète,
A la droite de Dieu cherche en vain son prophète.
Le bonze, avec des yeux sombres et pénitens,
Y vient vanter en vain ses vœux et ses tourmens.
    Eclairés à l'instant, ces morts dans le silence
Attendent, en tremblant, l'éternelle sentence.
Dieu, qui voit à la fois, entend et connaît tout,
D'un coup-d'œil les punit, d'un coup-d'œil les absout.
Henri n'approcha point vers le trone invisible
D'où part à chaque instant ce jugement terrible,
Où Dieu prononce à tous ses arrêts éternels,
Qu'osent prévoir en vain tant d'orgueilleux mortels.
« Quelle est, disait Henri, s'interrogeant lui-même,
Quelle est de Dieu sur eux la justice suprème ?

Ce Dieu les punit-il d'avoir fermé leurs yeux
Aux clartés que lui-même il plaça si loin d'eux?
Pourrait-il les juger, tel qu'un injuste maître,
Sur la loi des chrétiens qu'ils n'avaient pu connaître?
Non. Dieu nous a créés, Dieu nous veut sauver tous.
Par-tout il nous instruit, par-tout il parle à nous;
Il grave en tous les cœurs la loi de la nature,
Seule à jamais la même, et seule toujours pure.
Sur cette loi, sans doute, il juge les païens;
Et, si leur cœur fut juste, ils ont été chrétiens.»
Tandis que du héros la raison confondue
Portait sur ce mystère une indiscrète vue,
Au pied du trône même une voix s'entendit;
Le ciel s'en ébranla, l'univers en frémit;
Ses accens ressemblaient à ceux de ce tonnerre,
Quand du mont Sinaï Dieu parlait à la terre.
Le chœur des immortels se tut pour l'écouter;
Et chaque astre en son cours alla le répéter.
« A ta faible raison garde-toi de te rendre:
Dieu t'a fait pour l'aimer, et non pour le comprendre.
Invisible à tes yeux, qu'il règne dans ton cœur;
Il confond l'injustice, il pardonne à l'erreur;
Mais il punit aussi toute erreur volontaire.
Mortel, ouvre les yeux quand son soleil t'éclaire.»
Henri, dans ce moment, d'un vol précipité
Est par un tourbillon dans l'espace emporté
Vers un séjour informe, aride, affreux, sauvage,
De l'antique chaos abominable image,
Impénétrable aux traits de ces soleils brillans,
Chefs-d'œuvre du Très-Haut, comme lui bienfaisans.
Sur cette terre horrible, et des anges haïe,
Dieu n'a point répandu le germe de la vie.
La mort, l'affreuse mort, et la confusion,
Y semblent établir leur domination.
Quelles clameurs, ô Dieu! quels cris épouvantables!
Quels torrens de fumée! et quels feux effroyables!
Quels monstres, dit Bourbon, volent dans ces climats!
Quels gouffres enflammés s'entr'ouvrent sous mes pas!
O mon fils, vous voyez les portes de l'abîme

7

Creusé par la justice habité par le crime:
Suivez-moi, les chemins en sont toujours ouverts.
Ils marchent aussitôt aux portes des enfers.
Là, gît la sombre envie, à l'œil timide et louche,
Versant sur des lauriers les poisons de sa bouche;
Le jour blesse ses yeux dans l'ombre étincelans:
Triste amante des morts, elle hait les vivans.
Elle aperçoit Henri, se détourne, et soupire.
Auprès d'elle est l'orgueil, qui se plaît et s'admire;
La faiblesse au teint pâle, aux regards abattus,
Tyran qui cède au crime, et détruit les vertus;
L'ambition sanglante, inquiète, égarée,
De trônes, de tombeaux, d'esclaves entourée;
La tendre hypocrisie aux yeux pleins de douceur;
(Le ciel est dans ses yeux, l'enfer est dans son cœur;)
Le faux zèle étalant ses barbares maximes;
Et l'intérêt enfin, père de tous les crimes.

Des mortels corrompus ces tyrans effrénés,
A l'aspect de Henri, paraissaient consternés:
Ils ne l'ont jamais vu; jamais leur troupe impie
N'approcha de son ame à la vertu nourrie:
Quel mortel, disaient-ils, par ce juste conduit,
Vient nous persécuter dans l'éternelle nuit?

Le héros, au milieu de ces esprits immondes,
S'avançait à pas lents sous ces voûtes profondes:
Louis guidait ses pas: Ciel! qu'est-ce que je voi!
L'assassin de Valois! ce monstre devant moi!
Mon père, il tient encor ce couteau parricide
Dont le conseil des Seize arma sa main perfide.
Tandis que, dans Paris tous ces prêtres cruels
Osent de son portrait souiller les saints autels;
Que la ligue l'invoque, et que Rome le loue,
Ici, dans les tourmens, l'enfer les désavoue.

Mon fils, reprit Louis, de plus sévères lois
Poursuivent en ces lieux les princes et les rois.
Regardez ces tyrans adorés dans leur vie:
Plus ils étaient puissans, plus Dieu les humilie.
Il punit les forfaits que leurs mains ont commis,
Ceux qu'ils n'ont point vengés, et ceux qu'ils ont permis.

La mort leur a ravi leurs grandeurs passagères,
Ce faste, ces plaisirs, ces flatteurs mercenaires
De qui la complaisance, avec dextérité,
A leurs yeux éblouis cachait la vérité.
La vérité terrible ici fait leurs supplices:
Elle est devant leurs yeux, elle éclaire leurs vices.
Voyez comme à sa voix tremblent ces conquérans,
Héros aux yeux du peuple, aux yeux de Dieu tyrans;
Fléaux du monde entier, que leur fureur embrâse,
La foudre qu'ils portaient à leur tour les écrâse.
Auprès d'eux sont couchés tous ces rois fainéans,
Sur un trône avili fantômes impuissans.
Henri voit près des rois leurs insolens ministres:
Il remarque sur-tout ces conseillers sinistres,
Qui, des mœurs et des lois avares corrupteurs,
De Thémis et de Mars ont vendu les honneurs;
Qui mirent, les premiers, à d'indignes enchères
L'inestimable prix des vertus de nos pères.
Etes-vous en ces lieux, faibles et tendres cœurs,
Qui, livrés aux plaisirs, et couchés sur des fleurs,
Sans fiel et sans fierté couliez dans la paresse
Vos inutiles jours filés par la mollesse?
Avec les scélérats seriez-vous confondus,
Vous, mortels bienfaisans, vous, amis des vertus,
Qui, par un seul moment de doute ou de faiblesse,
Avez séché le fruit de trente ans de sagesse?
  Le généreux Henri ne put cacher ses pleurs.
Ah! s'il est vrai, dit-il, qu'en ce séjour d'horreurs
La race des humains soit en foule engloutie,
Si les jours passagers d'une si triste vie
D'un éternel tourment sont suivis sans retour,
Ne vaudrait-il pas mieux ne voir jamais le jour?
Heureux s'ils expiraient dans le sein de leur mère,
Ou si ce Dieu, du moins, ce grand Dieu, si sévère
A l'homme, hélas! trop libre, avait daigné ravir
Le pouvoir malheureux de lui désobéir!
  Ne crois point, dit Louis, que ces tristes victimes
Souffrent des châtimens qui surpassent leurs crimes,
Ni que ce juste Dieu, créateur des humains,

Se plaise à déchirer l'ouvrage de ses mains ;
Non, il est infini , c'est dans ses récompenses :
Prodigue de ses dons, il borne ses vengeances.
Sur la terre on le peint l'exemple des tyrans ;
Mais ici c'est un père, il punit ses enfans ;
Il adoucit les traits de sa main vengeresse ;
Il ne sait point punir des momens de faiblesse,
Des plaisirs passagers , pleins de trouble et d'ennui ,
par des tourmens affreux , éternels comme lui.
    Il dit, et dans l'instant l'un et l'autre s'avance
Vers les lieux fortunés qu'habite l'innocence.
Ce n'est plus des enfers l'affreuse obscurité ;
C'est du jour le plus pur l'immortelle clarté.
Henri voit ces beaux lieux, et soudain, à leur vue,
Sent couler dans son ame une joie inconnue.
Les soins, les passions n'y troublent point les cœurs ;
La volupté tranquille y répand ses douceurs.
Amour, en ces climats tout ressent ton empire :
Ce n'est point cet amour que la mollesse inspire ;
C'est ce flambeau divin, ce feu saint et sacré,
Ce pur enfant des cieux sur la terre ignoré.
De lui seul à jamais tous les cœurs se remplissent ;
Ils desirent sans cesse, et sans cesse ils jouissent,
Et goûtent, dans les feux d'une éternelle ardeur,
Des plaisirs sans regrets , du repos sans langueur.
Là, règnent les bons rois qu'ont produits tous les âges ;
Là, sont les vrais héros ; là, vivent les vrais sages ;
Là, sur un trône d'or , Charlemagne et Clovis
Veillent du haut des cieux sur l'empire des lis.
Les plus grands ennemis, les plus fiers adversaires,
Réunis dans ces lieux, n'y sont plus que des frères.
Le sage Louis douze , au milieu de ces rois,
S'élève comme un cèdre , et leur donne des lois.
Ce roi qu'à nos aïeux donna le ciel propice,
Sur son trône avec lui fit asseoir la justice ;
Il pardonna souvent ; il régna sur les cœurs ;
Et des yeux de son peuple il essuya les pleurs.
D'Amboise est à ses pieds, ce ministre fidèle,
Qui seul aima la France, et fut seul aimé d'elle ;

Enfans de la fortune et de la politique,
Marcheront à grands pas au pouvoir despotique.
Richelieu, grand, sublime, implacable ennemi;
Mazarin, souple, adroit, et dangereux ami;
L'un fuyant avec art, et cédant à l'orage,
L'autre aux flots irrités opposant son courage :
Des princes de mon sang ennemis déclarés;
Tous deux haïs du peuple, et tous deux admirés;
Enfin, par leurs efforts, ou par leur industrie,
Utiles à leurs rois, cruels à la patrie.
O toi, moins puissant qu'eux, moins vaste en tes desseins,
Toi dans le second rang, le premier des humains;
Colbert, c'est sur tes pas que l'heureuse abondance,
Fille de tes travaux, vient enrichir la France.
Bienfaiteur de ce peuple ardent à t'outrager,
En le rendant heureux, tu saulas t'en venger;
Semblable à ce héros, confident de Dieu même,
Qui nourrit les Hébreux pour prix de leur blasphème.
   Ciel! quel pompeux amas d'esclaves à genoux
Est aux pieds de ce roi qui les fait trembler tous.
Quels honneurs? quels respects! jamais roi dans la France
N'accoutuma son peuple à tant d'obéissance.
Je le vois comme vous, par la gloire animé,
Mieux obéi, plus craint, peut-être moins aimé.
Je le vois éprouvant des fortunes diverses;
Trop fier dans ses succès, mais ferme en ses traverses;
De vingt peuples ligués bravant seul tout l'effort,
Admirable en sa vie, et plus grand dans sa mort.
Siècle heureux de Louis, siècle que la nature
De ses plus beaux présens doit combler sans mesure,
C'est toi qui dans la France amènes les beaux arts;
Sur toi tout l'avenir va porter ses regards;
Les muses à jamais y fixent leur empire:
La toile est animée, et le marbre respire.
Quels sages, rassemblés dans ces augustes lieux,
Mesurent l'univers, et lisent dans les cieux,
Et, dans la nuit obscure apportant la lumière,
Sondent les profondeurs de la nature entière?
L'erreur présomptueuse, à leur aspect s'enfuit;
Et vers la vérité le doute les conduit.

Et toi, fille du ciel, toi, puissante harmonie,
Art charmant qui polis la Grèce et l'Italie,
J'entends de tous côtés ton langage enchanteur,
Et tes sons souverains de l'oreille et du cœur.
Français, vous savez vaincre, et chanter vos conquêtes ;
Il n'est point de lauriers qui ne couvrent vos têtes ;
Un peuple de héros va naître en ces climats ;
Je vois tous les Bourbons voler dans les combats.
A travers mille feux je vois Condé paraître,
Tour-à-tour la terreur et l'appui de son maître ;
Turenne, de Condé généreux rival,
Moins brillant, mais plus sage, et du moins son égal,
Catinat réunit, par un rare assemblage,
Les talens du guerrier et les vertus du sage.
Vauban, sur un rempart, un compas à la main,
Rit du bruit impuissant de cent foudres d'airain.
Malheureux à la cour, invincible à la guerre,
Luxembourg fait trembler l'Empire et l'Angleterre.
Regardez, dans Denain, l'audacieux Villars
Disputant le tonnerre à l'aigle des Césars,
Arbitre de la paix que la victoire amène,
Digne appui de son roi, digne rival d'Eugène.
Quel est ce jeune prince en qui la majesté
Sur son visage aimable éclate sans fierté ?
D'un œil d'indifférence il regarde le trône...
Ciel ! quelle nuit soudaine à mes yeux l'environne ?
La mort, autour de lui, vole sans s'arrêter ;
Il tombe au pied du trône, étant prêt d'y monter.
O mon fils ! des Français vous voyez le plus juste :
Les cieux le formeront de votre sang auguste.
Grand Dieu, ne faites-vous que montrer aux humains
Cette fleur passagère, ouvrage de vos mains ?
Hélas ! que n'eût point fait cette ame vertueuse !
Le France sous son règne eût été trop heureuse !
Il eût entretenu l'abondance et la paix ;
Mon fils, il eût compté ses jours par ses bienfaits ;
Il eût aimé son peuple. O jour remplis d'alarmes !
O combien les Français vont répandre de larmes,
Quand sous la même tombe ils verront réunis
Et l'époux et la femme, et la mère et le fils !

Tendre ami de son maître, et qui, dans ce haut rang,
Ne souilla point ses mains de rapine et de sang.
O jours! ô mœurs! ô temps d'éternelle mémoire!
Le peuple était heureux, le roi couvert de gloire;
De ses aimables lois chacun goûtait les fruits.
Revenez, heureux temps, sous un autre Louis!

Plus loin sont ces guerriers, prodigues de leur vie,
Qu'enflammait leur devoir, et non pas leur furie;
La Trémouille, Clisson, Montmorenci, de Foix,
Guesclin le destructeur et le vengeur des rois,
Le vertueux Bayard, et vous, brave amazone,
La honte des Anglais, et le soutien du trône.

Ces héros, dit Louis, que tu vois dans les cieux,
Comme toi, de la terre ont ébloui les yeux;
La vertu, comme à toi, mon fils, leur était chère:
Mais, enfans de l'église, ils ont chéri leur mère;
Leur cœur simple et docile aimait la vérité;
Leur culte était le mien, pourquoi l'as-tu quitté?

Comme il disait ces mots d'une voix gémissante,
Le palais des destins devant lui se présente:
Il fait marcher son fils vers ces sacrés remparts;
Et cent portes d'airain s'ouvrent à ses regards.

Le temps, d'une aile prompte, et d'un vol insensible,
Fuit, et revient sans cesse à ce palais terrible;
Et de là sur la terre il verse à pleines mains
Et les biens et les maux destinés aux humains.
Sur un autel de fer un livre inexplicable
Contient de l'avenir l'histoire irrévocable:
La main de l'éternel y marqua nos desirs,
Et nos chagrins cruels, et nos faibles plaisirs.
On voit la liberté, cette esclave si fière,
Par d'invisibles nœuds en ces lieux prisonnière:
Sous un joug inconnu, que rien ne peut briser,
Dieu sait l'assujettir sans la tyranniser,
À ses superbes lois d'autant mieux attachée,
Que sa chaîne à ses yeux pour jamais est cachée;
Qu'en obéissant même elle agit par son choix,
Et souvent aux destins pense donner des lois.

Mon cher fils, dit Louis, c'est de là que la grace

★ ★

Fait sentir aux humains sa faveur efficàce ;
C'est de ces lieux sacrés qu'un jour son trait vainqueur
Doit partir, doit brûler, doit embrâser ton cœur.
Tu ne peux différer, ni hâter, ni connoître,
Ces momens précieux dont Dieu seul est le maître.
Mais qu'ils sont encor loin ces temps, ces heureux temps,
Où Dieu doit te compter au rang de ses enfans !
Que tu dois éprouver de faiblesses honteuses !
Et que tu marcheras dans des routes trompeuses !
Retranches, ô mon Dieu, des jours de ce grand roi,
Ces jours infortunés qui l'éloignent de toi !
    Mais dans ces vastes lieux quelle foule s'empresse ?
Elle entre à tout moment, et s'écoule sans cesse.
Vous voyez, dit Louis, dans ce sacré séjour,
Les portraits des humains qui doivent naître un jour :
Des siècles à venir ces vivantes images
Rassemblent tous les lieux, dévancent tous les âges.
Tous les jours les humains, comptés avant le temps,
Aux yeux de l'Eternel à jamais sont présens.
Le destin marque ici l'instant de leur naissance,
L'abaissement des uns, des autres la puissance,
Les divers changemens attachés à leur sort,
Leurs vices, leurs vertus, leur fortune, et leur mort.
    Approchons-nous : le ciel te permet de connaître
Les rois et les héros qui de toi doivent naître.
Le premier qui paraît, c'est ton auguste fils ;
Il soutiendra long-temps la gloire de nos lis,
Triomphateur heureux du Belge et de l'Ibère ;
Mais il n'égalera ni son fils ni son père.
    Henri, dans ce moment, voit sur des fleurs de lis
Deux mortels orgueilleux auprès du trône assis :
Ils tiennent sous leurs pieds tout un peuple à la chaîne ;
Tous deux sont revêtus de la pourpre romaine ;
Tous deux sont entourés de gardes, de soldats :
Il les prend pour des rois... Vous ne vous trompez pas ;
Ils le sont, dit Louis, sans en avoir le titre ;
Du prince et de l'état l'un et l'autre est l'arbitre.
Richelieu, Mazarin, ministres immortels,
Jusqu'au trône élevés de l'ombre des autels,

Un faible rejeton sort entre les ruines
De cet arbre fécond coupé dans ses racines.
Les enfans de Louis, descendus au tombeau,
Ont laissé dans la France un monarque au berceau,
De l'état ébranlé douce et frêle espérance.
O toi, prudent Fleury, veille sur son enfance,
Conduis ses premiers pas, cultive sous tes yeux
Du plus pur de mon sang le dépôt précieux.
Tout souverain qu'il est, instruis-le à se connaître;
Qu'il sache qu'il est homme en voyant qu'il est maître ;
Qu'aimé de ses sujets, ils soient chers à ses yeux ;
Apprends-lui qu'il n'est roi, qu'il n'est né que pour eux.
France, reprends sous lui ta majesté première,
Perce la triste nuit qui couvrait ta lumière ;
Que les arts, qui déjà voulaient t'abandonner,
De leurs utiles mains viennent te couronner.
L'océan se demande, en ses grottes profondes,
Où sont tes pavillons qui flottaient sur ses ondes.
Du Nil et de l'Euxin, de l'Inde et de ses ports,
Le commerce t'appelle, et t'ouvre ses trésors.
Maintiens l'ordre et la paix, sans chercher la victoire.
Sois l'arbitre des rois ; c'est assez pour ta gloire ;
Il t'en a trop coûté d'en être la terreur.
    Près de ce jeune roi s'avance avec splendeur
Un héros que de loin poursuit la calomnie,
Facile et non pas faible, ardent, plein de génie,
Trop ami des plaisirs, et trop des nouveautés,
Remuant l'univers du sein des voluptés.
Par des ressorts nouveaux, sa politique habile
Tient l'Europe en suspens, divisée et tranquille.
Les arts sont éclairés par ses yeux vigilans.
Né pour tous les emplois, il a tous les talens,
Ceux d'un chef, d'un soldat, d'un citoyen, d'un maître :
Il n'est pas roi, mon fils ; mais il enseigne à l'être.
    Alors dans un orage, au milieu des éclairs,
L'étendard de la France apparut dans les airs ;
Devant lui d'Espagnols une troupe guerrière
De l'aigle des Germains brisait la tête altière.
O mon père ! quel est ce spectacle nouveau ?

Tout change, dit Louis, et tout a son tombeau.
Adorons du Très-Haut la sagesse cachée.
Du puissant Charles-Quint la race est retranchée.
L'Espagne, à nos genoux, vient demander des rois:
C'est un de nos neveux qui leur donne des lois.
Philippe...A cet objet, Henri demeure en proie
A la douce surprise, aux transports de sa joie.
Modérez, dit Louis, ce premier mouvement;
Craignez encor, craignez ce grand événement.
Oui, du sein de Paris Madrid reçoit un maître :
Cet honneur à tous deux est dangereux peut-être.
O rois nés de mon sang! ô Philippe! ô mes fils!
France, Espagne, à jamais puissiez-vous être unis!
Jusqu'à quand voulez-vous, malheureux politiques,
Allumer les flambeaux des discordes publiques?
  Il dit : en ce moment le héros ne vit plus
Qu'un assemblage vain de mille objets confus.
Du temple des destins les portes se fermèrent,
Et les voûtes des cieux devant lui s'éclipsèrent.
  L'aurore cependant, au visage vermeil,
Ouvrait dans l'orient le palais du soleil :
La nuit en d'autres lieux portait ses voiles sombres :
Les songes voltigeans fuyaient avec les ombres.
Le prince, en s'éveillant, sent au fond de son cœur
Une force nouvelle, une divine ardeur:
Ses regards inspiraient le respect et le crainte;
Dieu remplissait son front de sa majesté sainte.
Ainsi, quand le vengeur des peuples d'Israël
Eut, sur le mont Sina, consulté l'Eternel,
Les Hebreux, à ses pieds, couchés dans la poussière,
Ne purent de ses yeux soutenir la lumière.

FIN DU CHANT SEPTIÈME.

CHANT VIII.

ARGUMENT.

Le comte d'Egmont vient de la part du roi d'Espagne au secours de Mayenne et des ligueurs. Bataille d'Ivry, dans laquelle Mayenne est défait, et d'Egmont tué. Valeur et clémence de Henri la grand.

Des états dans Paris la confuse assemblée
Avait perdu l'orgueil dont elle était enflée.
Au seul nom de Henri, les ligueurs, pleins d'effroi,
Semblaient tous oublier qu'ils voulaient faire un roi.
Rien ne pouvait fixer leur fureur incertaine;
Et, n'osant dégrader ni couronner Mayenne,
Ils avaient confirmé, par leurs décrets honteux,
Le pouvoir et le rang qu'il ne tenait pas d'eux.

Ce lieutenant sans chef, ce roi sans diadème,
Toujours dans son parti garde un pouvoir suprême.
Un peuple obéissant, dont il se dit l'appui,
Lui promet de combattre et de mourir pour lui.
Plein d'un nouvel espoir, au conseil il appelle
Tous ces chefs orgueilleux, vengeurs de sa querelle;
Les Lorrains, les Nemours, la Châtre, Canillac,
Et l'inconstant Joyeuse, et Saint-Paul, et Brissac.
Ils viennent: la fierté, la vengeance, la rage,
Le désespoir, l'orgueil, sont peints sur leur visage.
Quelques-uns en tremblant semblaient porter leurs pas,

Affaiblis par leur sang versé dans les combats;
Mais ces mêmes combats, leur sang, et leurs blessures;
Les excitaient encore à venger leurs injures.
Tous, auprès de Mayenne, ils viennent se ranger;
Tous, le fer dans les mains, jurent de le venger.
Telle au haut de l'Olympe, aux champs de Thessalie,
Des enfans de la terre on peint la troupe impie,
Entassant des rochers, et menaçant les cieux,
Ivre du fol espoir de détrôner les dieux.
    La Discorde à l'instant entr'ouvrant une nue,
Sur un char lumineux se présente à leur vue:
Courage, leur dit-elle, on vient vous secourir;
C'est maintenant, Français, qu'il faut vaincre ou mourir?
D'Aumale, le premier, se lève à ces paroles:
Il court, il voit de loin les lances espagnoles:
Le voilà, cria-t-il, le voilà ce secours
Demandé si long-temps, et différé toujours:
Amis, enfin l'Autriche a secouru la France.
Il dit: Mayenne alors vers les portes s'avance.
Le secours paraissait vers ces lieux révérés
Qu'aux tombes de nos rois la mort a consacrés.
Ces formidables amas d'armes étincelantes,
Cet or, ce fer brillant, ces lances éclatantes,
Ces casques, ces harnois, ce pompeux appareil,
Défiaient dans les champs les rayons du soleil.
Tout le peuple au-devant court en foule avec joie;
Ils bénissent le chef que Madrid leur envoie:
C'était le jeune Egmont, ce guerrier obstiné,
Ce fils ambitieux d'un père infortuné:
Dans les murs de Bruxelle il a reçu la vie;
Son père, qu'aveugla l'amour de la patrie,
Mourut sur l'échafaud, pour soutenir les droits
Des malheureux Flamands opprimés par leurs rois.
Le fils, courtisan lâche, et guerrier téméraire,
Baisa long-temps la main qui fit périr son père,
Servit, par politique, aux maux de son pays,
Persécuta Bruxelle, et secourut Paris.
Philippe l'envoyait sur les bords de la Seine,

Comme un dieu tutélaire, au secours de Mayenne:
Et Mayenne, avec lui, crut aux tentes du roi
eporter à son tour le carnage et l'effroi.
e téméraire orgueil accompagnait leur trace.
u'avec plaisir, grand roi, tu voyais cette audace!
t que tes vœux hâtaient le moment d'un combat
Où semblaient attachés les destins de l'état!
  Près des bords de l'Iton et des rives de l'Eure,
st un champ fortuné, l'amour de la nature:
a guerre avait long-temps respecté les trésors
ont Flore et les zéphirs embellissaient ces bords.
u milieu des horreurs des discordes civiles,
es bergers de ces lieux coulaient des jours tranquilles:
rotégés par le ciel et par leur pauvreté,
Ils semblaient des soldats braver l'avidité,
t, sous leurs toits de chaume, à l'abri des alarmes,
'entendaient point le bruit des tambours et des armes.
Les deux camps ennemis arrivent en ces lieux;
La désolation par-tout marche avec eux.
De l'Eure et de l'Iton les ondes s'alarmèrent;
esbergers,pleinsd'effroi,dans lesbois se cachèrent;
Et leurs tristes moitiés, compagnes de leurs pas,
Emportent leurs enfans gémissans dans leurs bras.
  Habitans malheureux de ces bords pleins de charmes,
u moins à votre roi n'imputez point vos larmes:
S'il cherche les combats, c'est pour donner la paix:
Peuples, sa main sur vous répandra ses bienfaits:
Il veut finir vos maux, il vous plaint, il vous aime.
Et dans ce jour affreux il combat pourvous-même.
Les momens lui sont chers, il court dans tous les rangs
Sur un coursier fougueux, plus léger que les vents,
Qui, fier de son fardeau, du pied frappant la terre,
Appelle les dangers, et respire la guerre.
  On voyait près de lui briller tous ces guerriers,
Compagnons de sa gloire et ceints de ses lauriers:
D'Aumont, qui sous cinq rois avait porté les armes;
Biron, dont le seul nom répandait les alarmes;
Et son fils, jeune encore, ardent, impétueux,
Qui depuis... mais alors il était vertueux:

Sully, Nangis, Crillon, ces ennemis du crime,
Que la ligue déteste, et que la ligue estime :
Turenne, qui, depuis, de la jeune Bouillon
Mérita dans Sedan la puissance et le nom ;
Puissance malheureuse et trop mal conservée,
Et par Armand détruite aussitôt qu'élevée.
Essex avec éclat paraît au milieu d'eux,
Tel que dans nos jardins un palmier sourcilleu.
A nos ormes touffus mêlant sa tête altière,
Paraît s'enorgueillir de sa tige étrangère.
Son casque étincelait des feux les plus brillans
Qu'étalaient à l'envi l'or et les diamans,
Dons chers et précieux dont sa fière maîtresse.
Honora son courage, ou plutôt sa tendresse.
Ambitieux Essex, vous étiez à la fois
L'amour de votre reine et le soutien des rois.
Plus loin sont la Trémouille, et Clermont, et Feuquièr
Le malheureux de Nesle, et l'heureux Lesdiguièr
D'Ailly, pour qui ce jour fut nn jour trop fatal
Tous ces héros en foule attendaient le signal,
Et, rangés près du roi, lisaient sur son visage
D'un triomphe certain l'espoir et le présage.
     Mayenne, en ce moment, inquiet, abattu,
Dans son cœur étonné cherche en vain sa vertu
Soit que, de son parti connaissant l'injustice,
Il ne crût point le ciel à ses armes propice ;
Soit que l'ame, en effet ait des pressentimens,
Avant-coureurs certains des grands événemens
Ce héros, cependant, maître de sa faiblesse,
Dégnisait ses chagrins sous sa fausse alégresse.
Il s'excite, il s'empresse, il inspire aux soldat
Cet espoir généreux que lui-même il n'a pas.
     D'Egmont auprès de lui, plein de la confian
Que dans un jeune cœur fait naître l'impruden
Impatient déjà d'exercer sa valeur,
De l'incertain Mayenne accuse la lenteur.
     Tel qu'échappé du sein d'un riant pâturage,
Au bruit de la trompette animant son courage
Dans les champs de la Thrace un coursier orgueill

Indocile, inquiet, plein d'un feu belliqueux.
Levant les crins mouvans de sa tête superbe,
Impatient du frein, vole et bondit sur l'herbe,
Tel paraissait Egmont : une noble fureur
Eclate dans ses yeux, et brûle dans son cœur.
Il s'entretient déjà de sa prochaine gloire ;
Il croit que son destin commande à la victoire.
Hélas ! il ne sait point que son fatal orgueil
Dans les plaines d'Ivry lui prépare un cercueil.
　　Vers les ligueurs enfin le grand Henri s'avance ;
Et s'adressant aux siens, qu'enflammait sa présence :
« Vous êtes nés Français, et je suis votre roi ;
Voilà nos ennemis, marchez, et suivez-moi.
Ne perdez point de vue, au fort de la tempête,
Ce panache éclatant qui flotte sur ma tête :
Vous le verrez toujours au chemin de l'honneur. »
A ces mots, que ce roi prononçait en vainqueur,
Il voit d'un feu nouveau ses troupes enflammées,
Et marche en invoquant le grand Dieu des armées.
Sur les pas des deux chefs alors en même temps
On voit, des deux partis voler les combattans.
Ainsi, lorsque des monts séparés par Alcide
Les aquilons fougueux fondent d'un vol rapide,
Soudain les flots émus de deux profondes mers
D'un choc impétueux s'élancent dans les airs ;
La terre au loin gémit, le jour fuit, le ciel gronde,
Et l'Africain tremblant craint la chute du monde.
　　Au mousquet réuni, le sanglant coutelas
Déjà de tous côtés porte un double trépas.
Cette arme que jadis, pour dépeupler la terre,
Dans Baïonne inventa le démon de la guerre,
Rassemble en même temps, digne fruit de l'enfer,
Ce qu'ont de plus terrible et la flamme et le fer.
On se mêle, on combat ; l'adresse, le courage,
Le tumulte, les cris, la peur, l'aveugle rage,
La honte de céder, l'ardente soif du sang,
Le désespoir, la mort, passent de rang en rang.
L'un poursuit un parent dans le parti contraire ;
Là, le frère en fuyant meurt de la main d'un frère ;

La nature en frémit : et ce rivage affreux
'S'abreuvait à regret de leur sang malheureux.
　　Dans d'épaisses forêts de lances hérissées,
De bataillons sanglans, de troupes renversées
Henri pousse, s'avance, et se fait un chemin.'
Le grand Mornay le suit, toujours calme et serein.
Il veille autour de lui tel qu'un puissant génie,
Tel qu'on peignait jadis, au champs de la Phrygie,
De la terre et des cieux les moteurs éternels
Mêlés dans les combats sous l'habit des mortels ;
Ou tel que du vrai Dieu les ministres terribles,
Ces puissances des cieux, ces êtres impassibles,
Environnés des vents, des foudres , des éclairs,
D'un front inaltérable ébranlent l'univers.
Il reçoit de Henri tous ces ordres rapides,
De l'ame d'un héros mouvemens intrépides,
Qui changent le combat, qui fixent le destin :
Aux chefs des légions il les portent soudain.
L'officier les reçoit ; sa troupe impatiente
Règle, au son de sa voix, sa rage obéissante.
On s'écarte, on s'unit, on marche en divers corps ;
Un esprit seul préside à ces vastes ressorts.
Mornay revole au prince, il le suit, il l'escorte ;
Il pare, en lui parlant, plus d'un coup qu'on lui porte;
Mais il ne permet pas à ses stoïques mains
De se souiller du sang des malheureux humains.
De son roi seulement son ame est occupée :
Pour sa défense seule il a tiré l'épée ;
Et son rare courage , ennemi des combats;
Sait affronter la mort, et ne la donne pas.
De Turenne déja la valeur indomtée
Repoussait de Nemours la troupe épouvantée.
D'Ailly portait par-tout la crainte et le trépas ;
D'Ailly tout orgueilleux de trente ans de combats,
Et qui, dans les horreurs de la guerre cruelle,
Reprend, malgré son âge, une force nouvelle.
Un seul guerrier s'oppose à ses coups menaçans;
C'est un jeune héros à la fleur de ses ans,
Qui, dans cette journée illustre et meurtrière,

Commençait des combats la fatale carrière;
D'un tendre hymen à peine il goûtait les appas;
Favori des amours, il sortait de leurs bras.
Honteux de n'être encor fameux que par ses charmes,
Avide de la gloire, il volait aux alarmes.
Ce jour, sa jeune épouse, en accusant le ciel,
En détestant la ligue et ce combat mortel,
Arma son tendre amant, et, d'une main tremblante,
Attacha tristement sa cuirasse pesante,
Et couvrit, en pleurant, d'un casque précieux
Ce front si plein de grace et si cher à ses yeux.
　　Il marche vers d'Ailly dans sa fureur guerrière:
Parmi des tourbillons de flamme, de poussière,
A travers les blessés, les morts, et les mourans,
De leurs coursiers fougueux tous deux pressent les flancs;
Tous deux sur l'herbe unie, et de sang colorée,
S'élancent loin des rangs, d'une course assurée:
Sanglans, couverts de fer, et la lance à la main,
D'un choc épouvantable ils se frappent soudain.
La terre en retentit, leurs lances sont rompues:
Comme en un ciel brûlant deux effroyables nues,
Qui, portant le tonnerre et la mort dans leurs flancs,
Se heurtent dans les airs, et volent sur les vents:
De leur mélange affreux les éclairs rejaillissent;
La foudre en est formée, et les mortels frémissent.
Mais loin de leurs coursiers, par un subit effort,
Ces guerriers malheureux cherchent une autre mort;
Déjà brille en leurs mains le fatal cimeterre.
La discorde accourut; le démon de la guerre,
La mort pâle et sanglante étaient à ses côtés.
Malheureux, suspendez vos coups précipités?
Mais un destin funeste enflamme leur courage;
Dans le cœur l'un de l'autre ils cherchent un passage,
Dans ce cœur ennemi qu'ils ne connaissent pas.
Le fer qui les couvrait brille et vole en éclats;
Sous les coups redoublés leur cuirasse étincelle;
Leur sang, qui réjaillit, rougit leur main cruelle;
Leur bouclier, leur casque, arrêtant leur effort,
Pare encor quelques coups, et repousse la mort.

Chacun d'eux, étonné de tant de résistance,
Respectait son rival, admirait sa vaillance.
Enfin le vieux d'Ailly, par un coup malheureux,
Fait tomber à ses pieds ce guerrier généreux.
Ses yeux sont pour jamais fermés à la lumière ;
Son casque auprès de lui roule sur la poussière ;
D'Ailly voit son visage : ô désespoir ! ô cris !
Il le voit, il l'embrasse : hélas ! c'était son fils.
Le père infortuné, les yeux baignés de larmes,
Tournait contre son sein ses parricides armes ;
On l'arrête : on s'oppose à sa juste fureur :
Il s'arrache, en tremblant de ce lieu plein d'horreur ;
Il déteste à jamais sa coupable victoire ;
Il renonce à la cour, aux humains, à la gloire ;
Et se fuyant lui-même, au milieu des déserts,
Il va cacher sa peine au bout de l'univers.
Là, soit que le soleil rendît le jour au monde,
Soit qu'il finît sa course au vaste sein de l'onde,
Sa voix faisait redire aux échos attendris
Le nom, le triste nom de son malheureux fils.
　　Du héros expirant la jeune et tendre amante,
Par la terreur conduite, incertaine, tremblante,
Vient d'un pied chancelant sur ses funestes bords :
Elle cherche ; elle voit dans la foule des morts,
Elle voit son époux ; elle tombe éperdue ;
Le voile de la mort se répand sur sa vue :
Est-ce toi, cher amant? Ces mots interrompus,
Ces cris demi-formés ne sont point entendus ;
Elle rouvre les yeux ; sa bouche presse encore
Par ses derniers baisers la bouche qu'elle adore :
Elle tient dans ces bras ce corps pâle et sanglant,
Le regarde, soupire, et meurt en l'embrassant.
　　Père, époux malheureux, famille déplorable,
Des fureurs de ce temps exemple lamentable,
Puisse de ce combat le souvenir affreux
Exciter la pitié de nos derniers neveux,
Arracher à leurs yeux des larmes salutaires,
Et qu'ils n'imitent point les crimes de leurs pères !
　　Mais qui fait fuir ainsi ces ligueurs dispersés?

uel héros, ou quel dieu les a tous renversés?
est le jeune Biron ; c'est lui dont le courage
armi leurs bataillons s'était fait un passage.
'Aumale les voit fuir, et bouillant de courroux:
rrêtez, revenez.... lâches, où courez-vous ?
ous, fuir! vous compagnons de Mayenne et de Guise !
ous qui devez venger Paris, Rome et l'église !
uivez-moi, rappelez votre antique vertu ;
ombattez sous d'Aumale; et vous avez vaincu.
ussitôt secouru de Beauveau, de Fosseuse,
u farouche Saint-Paul, et même de Joyeuse,
rassemble avec eux ses bataillons épars,
u'il anime en marchant du feu de ses regards.
a fortune avec lui revient d'un pas rapide.
iron soutient en vain, d'un courage intrépide,
e cours précipité de ce fougueux torrent ;
l voit à ses côtés Parabère expirant ;
ans la foule des morts il voit tomber Feuquière ;
esle, Clermont, d'Angène, ont mordu la poussière:
ercé de coups lui-même, il est près de périr....
'était ainsi, Biron, que tu devois mourir :
n trépas si fameux, une chute si belle,
endait de ta vertu la mémoire immortelle.
e généreux Bourbon sut bientôt le danger
ù Biron, trop ardent, venait de s'engager.
l l'aimait, non en roi, non en maître sévère,
ui souffre qu'on aspire à l'honneur de lui plaire,
t de qui le cœur dur et l'inflexible orgueil
Croit le sang d'un sujet trop payé d'un coup-d'œil.
Henri de l'amitié sentit les nobles flammes :
Amitié, don du ciel, plaisir des grandes ames ;
Amitié, que les rois, ces illustres ingrats,
Sont assez malheureux pour ne connaître pas !
Il coure le secourir; ce beau feu qui le guide
Rend son bras plus puissant et son vol plus rapide,
Biron, qu'environnaient les ombres de la mort,
A l'aspect de son roi fait un dernier effort;
Il rappelle à sa voix les restes de sa vie:
Sous les coups de Bourbon, tout s'écarte, tout plie.

Ton roi, jeune Biron, t'arrache à ces soldats
Dont les coups redoublés achevaient ton trépas.
Tu vis : songe du moins à lui rester fidèle.

Un bruit affreux s'entend. La Discorde cruelle,
Aux vertus des héros opposant ses fureurs,
D'une nouvelle rage embrase les ligueurs.
Elle vole à leur tête, et sa bouche fatale
Fait retentir au loin sa trompette infernale :
Par ses sons trop connus d'Aumale est excité.
Aussi prompt que le trait, dans les airs emporté,
Il cherchait le héros ; sur lui seul il s'élance ;
Des ligueurs en tumulte une foule s'avance :
Tels, au fond des forêts, précipitant leurs pas,
Ces animaux hardis, nourris pour les combats,
Fiers esclaves de l'homme, et nés pour le carnage,
Pressent un sanglier, en raniment la rage ;
Ignorant le danger, aveugles, furieux,
Le cor excite au loin leur instinct belliqueux ;
Les antres, les rochers, les monts en retentissent :
Ainsi contre Bourbon mille ennemis s'unissent ;
Il est seul contre tous, abandonné du sort,
Accablé par le nombre, entouré de la mort.
Louis, du haut des cieux, dans ce danger terrible,
Donne au héros qu'il aime une force invincible ;
Il est comme un rocher, qui menaçant les airs,
Rompt la course des vents et repousse les mers.
Qui pourrait exprimer le sang et le carnage
Dont l'Eure, en ce moment, vit couvrir son rivage !

O vous, mânes sanglans du plus vaillant des rois,
Eclairez mon esprit, et parlez par ma voix.
Il voit voler vers lui sa noblesse fidèle ;
Elle meurt pour son roi, son roi combat pour elle.
L'effroi le devançait, la mort suivait ses coups ;
Quand le fougueux Egmont s'offrit à son courroux.

Long-temps cet étranger, trompé par son courage,
Avait cherché le roi dans l'horreur du carnage :
Dût sa témérité le conduire au cercueil,
L'honneur de le combattre irritait son orgueil.
Viens, Bourbon, criait-il, viens augmenter ta gloire,

Combattons ; c'est à nous de fixer la victoire.
Comme il disait ces mots, un lumineux éclair,
Messager des destins, fend les plaines de l'air,
L'arbitre des combats fait gronder son tonnerre ;
Le soldat sous ses pieds sentit trembler la terre.
D'Egmont croit que les cieux lui doivent leur appui,
Qu'ils défendent sa cause, et combattent pour lui ;
Que la nature entière, attentive à sa gloire,
Par la voix du tonnerre annonçait sa victoire.
D'Egmont joint le héros, il l'atteint vers le flanc ;
Il triomphait déjà d'avoir versé son sang.
Le roi, qu'il a blessé, voit son péril sans trouble ;
Ainsi que le danger, son audace redouble :
Son grand cœur s'applaudit d'avoir au champ d'honneur
Trouvé des ennemis dignes de sa valeur.
Loin de le retarder, sa blessure l'irrite ;
Sur ce fier ennemi Bourbon se précipite :
D'Egmont d'un coup plus sûr est renversé soudain ;
Le fer étincelant se plongea dans son sein.
Sous leurs pieds teints de sang les chevaux le foulèrent ;
Des ombres du trépas ses yeux s'enveloppèrent ;
Et son ame en courroux s'envola chez les morts,
Où l'aspect de son père excita ses remords.
Espagnols tant vantés, troupe jadis si fière,
Sa mort anéantit votre vertu guerrière ;
Pour la première fois vous connûtes la peur.
    L'étonnement, l'esprit de trouble et de terreur
S'empare, en ce moment, de leur troupe alarmée ;
Il passe en tous les rangs, il s'étend sur l'armée :
Les chefs sont effrayés, les soldats éperdus ;
L'un ne peut commander, l'autre n'obéit plus.
Ils jettent leurs drapeaux, ils courent, se renversent
Poussent des cris affreux, se heurtent, se dispersent:
Les uns, sans résistance, à leur vainqueur offerts,
Fléchissent les genoux, et demandent des fers ;
D'autres, d'un pas rapide, évitant sa poursuite,
Jusqu'aux rives de l'Eure emportés dans leur fuite,
Dans les profondes eaux vont se précipiter,
Et courent au trépas qu'ils veulent éviter.

Les flots couverts de morts interrompent leur course)
Et le fleuve sanglant remonte vers sa source.
   Mayenne, en ce tumulte, incapable d'effroi,
Affligé, mais tranquille, et maître encor de soi,
Voit d'un œil assuré sa fortune cruelle,
Et, tombant sous ses coups, songe à triompher d'elle.
D'Aumale auprès de lui, la fureur dans les yeux,
Accusait les Flamands, la fortune, et les cieux.
Tout est perdu, dit-il : mourons, brave Mayenne.
Quittez, lui dit son chef, une fureur si vaine.
Vivez pour un parti dont vous êtes l'honneur,
Vivez pour réparer sa perte et son malheur :
Que vous et Bois-Dauphin, dans ce moment funeste,
De nos soldats épais assemblent ce qui reste.
Suivez-moi, l'un et l'autre, aux remparts de Paris ;
De la ligue en marchant ramassez les débris ;
De Coligny vaincu surpassons le courage.
D'Aumale, en l'écoutant, pleure, et frémit de rage.
Cet ordre qu'il déteste, il va l'exécuter :
Semblable au fier lion qu'un Maure a su dompter,
Qui, docile à son maître, à tout autre terrible,
A la main qu'il connaît soumet sa tête horrible,
Le suit d'un air affreux, le flatte en rougissant,
Et paraît menacer, même en obéissant.
   Mayenne cependant, par une fuite prompte,
Dans les murs de Paris courait cacher sa honte.
   Henri victorieux voyait de tous côtés
Les ligueurs sans défense implorant ses bontés.
Des cieux en ce moment les voûtes s'entr'ouvrirent :
Les mânes des Bourbons dans les airs descendirent.
Louis au milieu d'eux, du haut du firmament,
Vint contempler Henri dans ce fameux moment,
Vint voir comme il saurait user de la victoire,
Et s'il achevrait de mériter sa gloire.
   Ses soldats près de lui, d'un œil plein de courroux,
Regardaient ces vaincus échappés à leurs coups.
Les captifs, en tremblant, conduits en sa présence,
Attendaient leur arrêt dans un profond silence ;
Le mortel désespoir, la honte, la terreur,

Dans leurs yeux égarés avaient peint leur malheur.
Bourbon tourna sur eux des regards pleins de grace,
Où régnaient à la fois la douceur et l'audace :
Soyez libres, dit-il ; vous pouvez désormais
Rester mes ennemis, ou vivre mes sujets.
Entre Mayenne et moi reconnaissez un maître ;
Voyez qui de nous deux a mérité de l'être :
Esclaves de la ligue, ou compagnons d'un roi,
Allez gémir sous elle, ou triomphez sous moi :
Choisissez. A ces mots d'un roi couvert de gloire,
Sur un champ de bataille, au sein de la victoire,
On voit en un moment ces captifs éperdus
Contens de leur défaite, heureux d'être vaincus :
Leurs yeux sont éclairés, leurs cœurs n'ont plus de haine
Sa valeur les vainquit, sa vertu les enchaîne ;
Et s'honorant déjà du nom de ses soldats,
Pour expier leur crime, ils marchent sur ses pas.
Le généreux vainqueur a cessé le carnage ;
Maître de ses guerriers, il fléchit leur courage.
Ce ne n'est plus ce lion qui, tout couvert de sang,
Portait avec effroi la mort de rang en rang :
C'est un dieu bienfaisant, qui, laissant son tonnerre,
Enchaîne la tempête et console la terre.
Sur ce front menaçant, terrible, ensanglanté,
La paix a mis les traits de la sérénité.
Ceux à qui la lumière était presque ravie
Par ses ordres humains sont rendus à la vie :
Et sur tous leurs dangers, et sur tous leurs besoins;
Tel qu'un père attentif, il étendait ses soins.
    Du vrai, comme du faux, la prompte messagère,
Qui s'accroît dans sa course, et, d'une aile légère,
Plus prompte que le temps vole au-delà des mers,
Passe d'un pole à l'autre, et remplit l'univers ;
Ce monstre composé d'yeux, de bouches, d'oreilles
Qui célèbre des rois la honte ou les merveilles,
Qui rassemble sous lui la curiosité,
L'espoir, l'effroi, le doute, et la crédulité,
De sa brillante voix, trompette de la gloire,
Du héros de la France annonçait la victoire.

Du Tage à l'Eridan le bruit en fut porté ;
Le Vatican superbe en fut épouvanté.
Le Nord à cette voix tressaillit d'alégresse ;
Madrid frémit d'effroi, de honte et de tristesse.
   O malheureux Paris, infidèles ligueurs !
O citoyens trompés, et vous, prêtres trompeurs !
De quels cris douloureux vos temples retentirent !
De cendre, en ce moment, vos têtes se couvrirent.
Hélas ! Mayenne encor vient flatter vos esprits.
Vaincu, mais plein d'espoir, et maître de Paris,
Sa politique habile, au fond de sa retraite,
Aux ligueurs incertains déguisait sa défaite.
Contre un coup si funeste il veut les rassurer ;
En cachant sa disgrace, il croit la réparer.
Par cent bruits mensongers, il ranimait leur zèle :
Mais, malgré tant de soins, la vérité cruelle,
Démentant à ses yeux ses discours imposteurs,
Volait de bouche en bouche, et glaçait tous les cœurs.
   La Discorde en frémit, et redoublant sa rage:
Non, je ne verrai point détruire mon ouvrage,
Dit-elle, et n'aurai point, dans ces murs malheureux,
Versé tant de poisons, allumé tant de feux,
De tant de flots de sang cimenté ma puissance,
Pour laisser à Bourbon l'empire de la France.
Tout terrible qu'il est, j'ai l'art de l'affaiblir ;
Si je n'ai pu le vaincre, on le peut amollir.
N'opposons plus d'efforts à sa valeur suprême :
Henri n'aura jamais de vainqueur que lui-même.
C'est son cœur qu'il doit craindre, et je veux aujourd'hui
L'attaquer, le combattre, et le vaincre par lui.
Elle dit ; et soudain, des rives de la Seine,
Sur un char teint de sang, attelé par la haine,
Dans un nuage épais qui fait pâlir le jour,
Elle part, elle vole, et va trouver l'amour.

FIN DU CHANT HUITIÈME.

CHANT IX.

ARGUMENT.

Description du temple de l'amour : la discorde implore
son pouvoir pour amollir le courage de Henri IV. Ce
héros est retenu quelque temps auprès de madame
d'Estrée, si célèbre sous le nom de la belle Gabrielle.
Mornay l'arrache à son amour, et le roi retourne à son
armée.

Sur les bords fortunés de l'antique Idalie,
Lieux où finit l'Europe, et commence l'Asie,
S'élève un vieux palais respecté par le temps :
La nature en posa les premiers fondemens ;
Et l'art, ornant depuis sa simple architecture,
Par ses travaux hardis surpassa la nature.
Là, tous les champs voisins, peuplés de myrtes verts,
N'ont jamais ressenti l'outrage des hivers.
Par-tout on voit mûrir, par-tout on voit éclore
Et les fruits de Pomone et les présens de Flore ;
Et la terre n'attend, pour donner ses moissons
Ni les vœux des humains, ni l'ordre des saisons.
L'homme y semble goûter, dans une paix profonde,
Tout ce que la nature, aux premiers jours du monde
De sa main bienfaisante accordait aux humains,
Un éternel repos, des jours purs et sereins.
Les douceurs, les plaisirs que promet l'abondance,
Les biens du premier âge, hors la seule innocence,

9

On entend, pour tout bruit, des concerts enchanteurs.
Dont la molle harmonie inspire les langueurs ;
Les voix de mille amans, les chants de leurs maîtresses,
Qui célèbrent leur honte, et vantent leurs faiblesses,
Chaque jour on les voit, le front paré de fleurs,
De leur aimable maître implorer les faveurs ;
Et, dans l'art dangereux de plaire et de séduire,
Dans son temple à l'envi s'empresser de s'instruire.
La flatteuse Espérance, au front toujours serein,
A l'autel de l'Amour les conduit par la main.
Près du temple sacré, les Graces demi-nues
Accordent à leurs voix leurs danses ingénues.
La molle Volupté, sur un lit de gazons,
Satisfaite et tranquille, écoute leurs chansons.
On voit à ses côtés le Mystère en silence,
Le Sourire enchanteur, les Soins, la Complaisance,
Les Plaisirs amoureux, et les tendres Desirs
Plus doux, plus séduisans encor que les Plaisirs.
De ce temple fameux telle est l'aimable entrée.
Mais lorsqu'en avançant sous la voûte sacrée
On porte au sanctuaire un pas audacieux,
Quel spectacle funeste épouvante les yeux !
Ce n'est plus des Plaisirs la troupe aimable et tendre :
Leurs concerts amoureux ne s'y font plus entendre,
Les Plaintes, les Dégoûts, l'Imprudence, la Peur,
Font de ce beau séjour un séjour plein d'horreur.
La sombre Jalousie, au teint pâle et livide,
Suit d'un pied chancelant le Soupçon qui la guide :
La Haine et le Courroux, répandant leur venin,
Marchent devant ses pas, un poignard à la main.
La Malice les voit, et d'un souris perfide
Applaudit en passant, à leur troupe homicide.
Le Repentir les suit, détestant leurs fureurs,
Et baisse en soupirant ses yeux mouillés de pleurs.
    C'est là, c'est au milieu de cette cour affreuse,
Des plaisirs des humains compagne malheureuse,
Que l'Amour a choisi son séjour éternel.
Ce dangereux enfant, si tendre, si cruel,
Porte en sa faible main les destins de la terre,

Donne, avec un sôuris, ou la paix, ou la guerre,
Et, répandant par-tout ses trompeuses douceurs,
Anime l'univers, et vit dans tous les cœurs.
Sur un trône éclatant contemplant ses conquêtes,
Il foulait à ses pieds les plus superbes têtes ;
Fier de ses cruautés plus que de ses bienfaits,
Il semblait s'applaudir des maux qu'il avait faits.

La Discorde soudain, conduite par la Rage,
Ecarte les P laisirs, s'ouvre un libre passage,
Secouant dans ses mains ses flambeaux allumés,
Le front couvert de sang, et les yeux enflammés :
Mon frère, lui dit-elle, où sont tes traits terribles?
Pour qui réserves-tu tes flèches invincibles ?
Ah! si, de la Discorde allumant le tison,
Jamais à tes fureurs tu mêlas mon poison ;
Si tant de fois pour toi j'ai troublé la nature,
Viens, vole sur mes pas, viens venger mon injure :
Un roi victorieux écrase mes serpens ;
Ses mains joignent l'olive aux lauriers triomphans:
La Clémence, avec lui marchant d'un pas tranquille
Au sein tumultueux de la guerre civile,
Va sous ses étendards, flottans de tous côtés,
Réunir tous les cœurs par moi seule écartés:
Encore une victoire, et mon trône est en poudre.
Aux remparts de Paris Henri porte la foudre.
Ce héros va combattre, et vaincre, et pardonner ;
De cent chaînes d'airain son bras va m'enchaîner.
C'est à toi d'arrêter ce torrent dans sa course.
Va de tant de hauts faits empoisonner la source:
Que sous ton joug, Amour, il gémisse abattu ;
Va dompter son courage au sein de la vertu.
C'est toi, tu t'en souviens, toi dont la main fatale
Fit tomber sans effort Hercule aux pieds d'Omphale.
Ne vit-on pas Antoine amolli dans tes fers ?
Abandonnant pour toi les soins de l'univers,
Fuyant devant Auguste, et te suivant sur l'onde,
Préférer Cléopâtre à l'empire du monde ?
Henri te reste à vaincre, après tant de guerriers :
Dans ses superbes mains va flétrir ses lauriers ;

Va du myrte amoureux ceindre sa tête altière ;
Et dors entre les bras son audace guerrière ;
A mon trône ébranlé cours servir de soutien :
Viens, ma cause est la tienne, et ton règne est le mien.
 Ainsi parlait ce monstre ; et la voûte tremblante
Répétait les accens de sa voix effrayante.
L'Amour qui l'écoutait, couché parmi des fleurs,
D'un souris fier et doux répond à ses fureurs.
Il s'arme cependant de ses flèches dorées :
Il fend des vastes cieux les voûtes azurées ;
Et, précédé des Jeux, des Graces, des Plaisirs,
Il vole aux champs français sur l'aile des Zéphirs.
 Dans sa course d'abord il découvre avec joie
Le faible Simoïs, et les champs où fut Troie.
Il rit en contemplant, dans ces lieux renommés,
La cendre des palais par ses mains consumés.
Il aperçoit de loin ces murs bâtis sur l'onde,
Ces remparts orgueilleux, ce prodige du monde,
Venise, dont Neptune admire le destin,
Et qui commande aux flots renfermés dans son sein.
 Il descend, il s'arrête aux champs de la Sicile,
Où lui-même inspira Théocrite et Virgile,
Où l'on dit qu'autrefois, par des chemins nouveaux,
De l'amoureux Alphée il conduisit les eaux.
Bientôt, quittant les bords de l'aimable Aréthuse,
Dans les champs de Provence il vole vers Vaucluse,
Asile encor plus doux, lieux où, dans ses beaux jours,
Pétrarque soupira ses vers et ses amours.
Il voit les murs d'Anet bâtis au bord de l'Eure :
Lui-même en ordonna la superbe structure.
Par ses adroites mains avec art enlacés,
Les chiffres de Diane y sont encor tracés.
Sur sa tombe, en passant, les Plaisirs et les Graces
Répandirent les fleurs qui naissent sur leurs traces.
 Aux campagnes d'Ivry l'Amour arrive enfin.
Le roi, près d'en partir pour un plus grand dessein,
Mêlant à ses plaisirs l'image de la guerre,
Laissait pour un moment reposer son tonnerre.
Mille jeunes guerriers, à travers les guérets,

Poursuivaient avec lui les hôtes des forêts.
L'Amour sent, à sa vue, une joie inhumaine ;
Il aiguise ses traits, il prépare sa chaîne ;
Il agite les airs que lui-même a calmés :
Il parle ; on voit soudain les élémens armés.
D'un bout du monde à l'autre appelant les orages,
Sa voix commande aux vents d'assembler les nuages,
De verser ces torrens suspendus dans les airs,
Et d'apporter la nuit, la foudre, et les éclairs.
    Déjà les Aquilons, à ses ordres fidèles,
Dans les cieux obscurcis ont déployé leurs ailes ;
La plus affreuse nuit succède aux plus beau jour ;
La nature en gémit, et reconnaît l'Amour.
    Dans les sillons fangeux de la campagne humide,
Le roi marche incertain, sans escorte et sans guide,
L'Amour, en ce moment allumant son flambeau,
Fait briller devant lui ce prodige nouveau.
Abandonné des siens, le roi, dans ces bois sombres,
Suit cet astre ennemi, brillant parmi les ombres ;
Comme on voit quelquefois les voyageurs troublés
Suivre ces feux ardens de la terre exhalés,
Ces feux dont la vapeur maligne et passagère
Conduit au précipice, à l'instant qu'elle éclaire.
    Depuis peu la fortune en ces tristes climats
D'une illustre mortelle avait conduit les pas.
Dans le fond d'un château tranquille et solitaire,
Loin du bruit des combats elle attendait son père,
Qui, fidèle à ses rois, vieilli dans les hasards,
Avait du grand Henri suivi les étendards.
D'Estrée était son nom : la main de la nature
De ses aimables dons la combla sans mesure.
Telle ne brillait point, aux bords de l'Eurotas,
La coupable beauté qui trahit Ménélas ;
Moins touchante et moins belle a Tharse on vit paraître
Celle qui des Romains avait dompté le maître,
Lorsque les habitans des rives du Cydnus,
L'encensoir à la main, la prirent pour Vénus.
Elle entrait dans cet âge, hélas ! trop redoutable,
Qui rend des passions le joug inévitable.
                    **

Son cœur, né pour aimer, mais fier et généreux,
D'aucun amant encor n'avait reçu les vœux,
Semblable en son printemps à la rose nouvelle,
Qui renferme, en naissant, sa beauté naturelle,
Cache aux vents amoureux les trésors de son sein,
Et s'ouvre aux doux rayons d'un jour pur et serein.
    L'Amour, qui cependant s'apprête à la surprendre,
Sous un nom supposé vient près d'elle se rendre :
Il paraît sans flambeau, sans flèches, sans carquois;
Il prend d'un simple enfant la figure et la voix.
On a vu, lui dit-il, sur la rive prochaine,
S'avancer vers ces lieux le vainqueur de Mayenne.
Il glissait dans son cœur, en lui disant ces mots,
Un desir inconnu de plaire à ce héros.
Son teint fut animé d'une grace nouvelle.
L'Amour s'applaudissait en la voyant si belle :
Que n'espérait-il point, aidé de tant d'appas !
Au-devant du monarque il conduisit ses pas.
L'art simple dont lui-même a formé sa parure
Paraît aux yeux séduits l'effet de la nature.
L'or de ses blonds cheveux, qui flotte au gré des vents,
Tantôt couvre sa gorge et ses trésors naissans,
Tantôt expose aux yeux leur charme inexprimable.
Sa modestie encor la rendait plus aimable :
Non pas cette farouche et triste austérité
Qui fait fuir les amours, et même la beauté ;
Mais cette pudeur douce, innocente, enfantine,
Qui colore le front d'une rougeur divine,
Inspire le respect, enflamme les desirs,
Et de qui la peut vaincre augmente les plaisirs.
    Il fait plus (à l'Amour tout miracle est possible);
Il enchante ces lieux par un charme invincible.
Des myrtes enlacés, que d'un prodigue sein
La terre obéissante a fait naître soudain,
Dans les lieux d'alentour étendent leur feuillage,
A peine a-t-on passé sous leur fatal ombrage,
Par des liens secrets on se sent arrêter ;
On s'y plaît, on s'y trouble, on ne peut les quitter,
On voit fuir sous cette ombre une onde enchanteresse;

Les amans fortunés, pleins d'une douce ivresse,
Y boivent à longs traits l'oubli de leur devoir.
L'amour, dans tous ces lieux, fait sentir son pouvoir:
Tout y paraît changé; tous les cœurs y soupirent :
Tous sont empoisonnés du charme qu'ils respirent;
Tout y parle d'amour. Les oiseaux dans les champs
Redoublent leurs baisers, leurs caresses, leurs chants.
Le moissonneur ardent, qui court avant l'aurore
Couper les blonds épis que l'été fait éclore,
S'arrête, s'inquiète, et pousse des soupirs :
Son cœur est étonné de ses nouveaux desirs ;
Il demeure enchanté dans ces belles retraites,
Et laisse, en soupirant, ses moissons impafaites.
Près de lui la bergère, oubliant ses troupeaux,
De sa tremblante main sent tomber ses fuseaux.
Contre un pouvoir si grand qu'eût pu faire d'Estrée?
Par un charme indomtable elle était attirée ;
Elle avait à combattre, en ce funeste jour,
Sa jeunesse, son cœur, un héros, et l'amour.

Quelque temps de Henri la valeur immortelle
Vers ses drapeaux vainqueurs en secret le rappelle:
Une invisible main le retient malgré lui.
Dans sa vertu première il cherche un vain appui:
Sa vertu l'abandonne ; et son ame enivrée
N'aime, ne voit, n'entend, ne connaît que d'Estrée.
Loin de lui cependant tous ces chefs étonnés,
Se demandent leur prince, et restent consternés.
Ils tremblaient pour ses jours : aucun d'eux n'eût pu croire
Qu'on eût dans ce moment dû craindre pour sa gloire.
On le cherchait en vain ; ses soldats abattus,
Ne marchant plus sous lui, semblaient déjà vaincus.

Mais le génie heureux qui préside à la France
Ne souffrit pas long-temps sa dangereuse absence :
Il descendit des cieux à la voix de Louis,
Et vint d'un vol rapide au secours de son fils.

Quand il fut descendu vers ce triste hémisphère,
Pour y trouver un sage il regarda la terre.
Il ne le chercha point dans ces lieux révérés,
A l'étude, au silence, au jeûne consacrés ;

Il alla dans Ivry : là, parmi la licence
Où du soldat vainqueur s'emporte l'insolence,
L'ange heureux des Français fixa son vol divin,
Au milieu des drapeaux des enfans de Calvin :
Il s'adresse à Mornay. C'était pour nous instruire
Que souvent la raison suffit à nous conduire ;
Ainsi qu'elle guida, chez des peuples païens,
Marc-Aurèle, ou Platon, la honte des chrétiens.

Non moins prudent ami que philosophe austère,
Mornay sut l'art discret de reprendre et de plaire,
Son exemple instruisait bien mieux que ses discours ;
Les solides vertus furent ses seuls amours.
Avide de travaux, insensible aux délices,
Il marchait d'un pas ferme au bord des précipices,
Jamais l'air de la cour, et son souffle infecté,
N'altéra de son cœur l'austère pureté.
Belle Aréthuse, ainsi ton onde fortunée
Roule au sein furieux d'Amphitrite étonnée
Un crystal toujours pur, et des flots toujours clairs,
Que jamais ne corrompt l'amertume des mers.

Le généreux Mornay, conduit par la Sagesse,
Part, et vole en ces lieux où la douce Mollesse
Retenait dans ses bras le vainqueur des humains,
Et de la France en lui maîtrisait les destins.
L'Amour, à chaque instant, redoublant sa victoire,
Le rendait plus heureux, pour mieux flétrir sa gloire ;
Les plaisirs, qui souvent ont des termes si courts,
Partageaient ses momens et remplissaient ses jours.

L'Amour, au milieu d'eux, découvre avec colère,
A côté de Mornay, la Sagesse sévère :
Il veut sur ce guerrier lancer un trait vengeur ;
Il croit charmer ses sens, il croit blesser son cœur.
Mais Mornay méprisait sa colère et ses charmes ;
Tous ces traits impuissans s'émoussaient sur ces armes.
Il attend qu'en secret le roi s'offre à ses yeux ;
Et d'un œil irrité contemple ces beaux lieux.

Au fond de ces jardins, au bord d'une onde claire,
Sous un myrte amoureux, asyle du mystère,
D'Estrée à son amant prodiguait ses appas ;

Il languissait près d'elle, il brûlait dans ses bras.
De leurs doux entretiens rien n'altérait les charmes;
Leurs yeux étaient remplis de ces heureuses larmes,
De ces larmes qui font les plaisirs des amans :
Ils sentaient cette ivresse et ces saisissemens,
Ces transports, ces fureurs, qu'un tendre amour inspire,
Que lui seul fait goûter, que lui seul peut décrire.
Les folâtres Plaisirs, dans le sein du repos,
Les Amours enfantins désarmaient ce héros :
L'un tenait sa cuirasse encor de sang trempée ;
L'autre avait détaché sa redoutable épée ,
Et riait, en tenant dans ses débiles mains
Ce fer, l'appui du trône, et l'effroi des humains.
    La Discorde de loin insulte à sa faiblesse ;
Elle exprime , en grondant, sa barbare alégresse.
Sa fière activité ménage ces instans :
Elle court de la ligue irriter les serpens ;
Et, tandis que Bourbon se repose et sommeille ,
De tous ses ennemis la rage se réveille.
    Enfin dans ces jardins, où sa vertu languit,
Il voit Mornay paraître : il le voit , et rougit.
L'un de l'autre, en secret, ils craignent la présence.
Le sage, en l'abordant, garde un morne silence :
Mais ce silence même, et ces regards baissés ,
Se font entendre au prince , et s'expliquent assez,
Sur ce visage austère , où régnait la tristesse ,
Henri lut aisément sa honte et sa faiblesse.
Rarement de sa faute on aime le témoin.
Tout autre eût de Mornay mal reconnu le soin :
Cher ami, dit le roi , ne crains point ma colère,
Qui m'apprend mon devoir est trop sûr de me plaire:
Viens, le cœur de ton prince est digne encor de toi :
Je t'ai vu . c'en est fait, et tu me rends à moi ;
Je reprends ma vertu , que l'amour m'a ravie :
De ce honteux repos fuyons l'ignominie ;
Fuyons ce lieu funeste, où mon cœur mutiné
Aime encor les liens dont il fut enchaîné.
Me vaincre est désormais ma plus belle victoire :
Partons, bravons l'Amour dans les bras de la Gloire,

Et bientôt, vers Paris répandant la terreur,
Dans le sang espagnol effaçons mon erreur.
    A ces mots généreux, Mornay connut son maître :
C'est vous, s'écria-t-il, que je revois paraître ;
Vous de la France entière auguste défenseur ;
Vous, vainqueur de vous-même, et roi de votre cœur.
L'amour à votre gloire ajoute un nouveau lustre :
Qui l'ignore est heureux, qui le dompte est illustre.
    Il dit : le roi s'apprête à partir de ces lieux.
Quelle douleur, ô ciel ! attendrit ses adieux !
Plein de l'aimable objet qu'il fuit et qu'il adore,
En condamnant ses pleurs, il en versait encore.
Entraîné par Mornay, par l'amour attiré,
Il s'éloigne, il revient, il part désespéré :
Il part. En ce moment d'Estrée, évanouie,
Reste sans mouvement, sans couleur, et sans vie ;
D'une soudaine nuit ses beaux yeux sont couverts.
L'Amour, qui l'aperçut, jette un cri dans les airs ;
Il s'épouvante, il craint qu'une nuit éternelle
N'enlève à son empire une nymphe si belle,
N'efface pour jamais les charmes de ces yeux
Qui devaient dans la France allumer tant de feux.
Il la prend dans ses bras ; et bientôt cette amante
Rouvre, à sa douce voix, sa paupière mourante,
Lui nomme son amant, le redemande en vain,
Le cherche encor des yeux, et les ferme soudain.
L'Amour, baigné des pleurs qu'il répand auprès d'elle,
Au jour qu'elle fuyait tendrement la rappelle ;
D'un espoir séduisant il lui rend la douceur,
Et soulage les maux dont lui seul est l'auteur.
    Mornay, toujours sévère et toujours inflexible,
Entraînait cependant son maître trop sensible :
La Force et la Vertu leur montre le chemin ;
La Gloire les conduit les lauriers à la main ;
Et l'Amour indigné, que le Devoir surmonte,
Va cacher, loin d'Anet, sa colère et sa honte.

FIN DU CHANT NEUVIÈME.

CHANT X.

ARGUMENT.

Retour du roi à son armée : il recommence le siége.
Combat singulier du Vicomte de Turenne et du cheva-
lier d'Aumale. Famine horrible qui désole la ville. Le
roi nourrit lui-même les habitans qu'il assiége. Le ciel
récompense enfin ses vertus. La vérité vient l'éclairer.
Paris lui ouvre ses portes, et la guerre est finie.

CES momens dangereux, perdus dans la mollesse,
Avaient fait aux vaincus oublier leur faiblesse,
A de nouveaux exploits Mayenne est préparé.
D'un espoir renaissant le peuple est enivré.
Leur espoir les trompait; Bourbon, que rien n'arrête,
Accourt impatient d'achever sa conquête.
Paris épouvanté revit ses étendards ;
Le héros reparut au pied de ses remparts,
De ces mêmes remparts où fume encor sa foudre,
Et qu'à réduire en cendre il ne peut se résoudre ;
Quand l'ange de la France, apaisant son courroux,
Retint son bras vainqueur, et suspendit ses coups.
Déjà le camp du roi jette des cris de joie ;
D'un œil d'impatience il dévorait sa proie.
Les ligueurs cependant, d'un juste effroi troublés,
Près du prudent Mayenne étaient tous rassemblés.
Là, d'Aumale, ennemi de tout conseil timide,
Leur tenait fièrement ce langage intrépide:
Nous n'avons point encore appris à nous cacher ;
L'ennemi vient à nous ; c'est là qu'il faut marcher,
C'est là qu'il faut porter une fureur heureuse.
Je connais des Français la fougue impétueuse;
L'ombre de leurs remparts affaiblit leur vertu:
Le Français qu'on attaque est à demi vaincu.

Souvent le désespoir a gagné des batailles :
J'attends tout de nous seuls, et rien de nos murailles.
Héros qui m'écoutez, volez au champ de Mars ;
Peuples qui nous suivez, vos chefs sont vos remparts.

Il se tut à ces mots : les ligueurs en silence
Semblaient de son audace accuser l'imprudence ;
Il en rougit de honte, et dans leurs yeux confus,
Il lut, en frémissant, leur crainte et leur refus.
Eh bien ! poursuivit-il, si vous n'osez me suivre,
Français, à cet affront je ne veux point survivre :
Vous craignez les dangers, seul je m'y vais offrir,
Et vous apprendre à vaincre, ou du moins à mourir.

De Paris, à l'instant, il fait ouvrir la porte :
Du peuple qui l'entoure il éloigne l'escorte ;
Il s'avance : un héraut, ministre des combats,
Jusqu'aux tentes du roi marche devant ses pas,
Et crie à haute voix : Quiconque aime la gloire,
Qu'il dispute en ces lieux l'honneur de la victoire :
D'Aumale vous attend ; ennemis, paraissez.

Tous les chefs, à ces mots, d'un beau zèle poussés,
Voulaient contre d'Aumale essayer leur courage,
Tous briguaient près du roi cet illustre avantage,
Tous avaient mérité ce prix de la valeur :
Mais le vaillant Turenne emporta cet honneur.
Le roi mit dans ses mains la gloire de la France.
Va ; dit-il, d'un superbe abaisser l'insolence ;
Combats pour ton pays, pour ton prince, et pour toi,
Et reçois en partant les armes de ton roi.
Le héros, à ces mots, lui donne son épée.
Votre attente, ô grand roi, ne sera point trompée,
Lui répondit Turenne embrassant ses genoux :
J'en atteste ce fer, et j'en jure par vous.
Il dit, le roi l'embrasse ; et Turenne s'élance
Vers l'endroit où d'Aumale, avec impatience,
Attendait qu'à ses yeux un combattant parût.
Le peuple de Paris aux remparts accourut ;
Les soldats de Henri près de lui se rangèrent :
Sur les deux combattans tous les yeux s'attachèrent :
Chacun, dans l'un des deux voyant son défenseur,

Du geste et de la voix excitait sa valeur.
Cependant sur Paris s'élevait un nuage
Qui semblait apporter le tonnerre et l'orage ;
Ses flancs noirs et brûlans, tout-à-coup entrouverts,
Vomissent dans ces lieux les monstres des enfers,
Le Fanatisme affreux, la Discorde farouche,
La sombre Politique, au cœur faux, à l'œil louche,
Le Démon des combats respirant les fureurs ,
Dieux enivrés de sang, dieux dignes des ligueurs ;
Aux remparts de la ville ils fondent ; ils s'arrêtent ;
En faveur de d'Aumale au combat ils s'apprêtent.
Voilà qu'au même instant, du haut des cieux ouverts,
Un Ange est descendu sur le trone des airs ;
Couronné de rayons , nageant dans la lumière,
Sur des ailes de feu parcourant sa carrière ,
Et laissant loin de lui l'occident éclairé
Des sillons lumineux dont il est entouré.
Il tenait d'une main cette olive sacrée,
Présage consolant d'une paix désirée :
Dans l'autre étincelait ce fer d'un Dieu vengeur,
Ce glaive dont s'arma l'ange exterminateur,
Quand jadis l'Eternel à la mort dévorante
Livra les premiers nés d'une race insolente.
A l'aspect de ce glaive interdits , désarmés
Les monstres infernaux semblent inanimés ;
La terreur les enchaîne ; un pouvoir invincible,
Fait tomber tous les traits de leur troupe inflexible.
Ainsi de son autel teint du sang des humains
Tomba ce fier Dagon , ce dieu des Philistins ,
Lorsque du Dieu des dieux, en son temple apportée,
A ses yeux éblouis l'arche fut présentée.
Paris, le roi, l'armée , et l'enfer, et les cieux,
Sur ce combat illustre avaient fixé les yeux.
Bientôt les deux guerriers entrent dans la carrière.
Henri du champ d'honneur leur ouvre la barrière.
Leur bras n'est point chargé du poids d'un bouclier ;
Ils ne se cachent point sous ces bustes d'acier ,
Des anciens chevaliers ornement honorable,
Eclatant à la vue, aux coups impénétrable,

10

Ils négligent tous deux cet appareil qui rend
Et le combat plus long, et le danger moins grand.
Leur arme est une épée ; et, sans autre défense,
Exposé tout entier, l'un et l'autre s'avance.
O Dieu, cria Turenne, arbitre de mon roi,
Descends, juge sa cause, et combats avec moi;
Le courage n'est rien sans ta main protectrice;
J'attends peu de moi-même, et tout de ta justice.
D'Aumale répondit: J'attends tout de mon bras;
C'est de nous que dépend le destin des combats.
En vain l'homme timide implore un Dieu suprême; .
Tranquille au haut du ciel, il nous laisse à nous-même:
Le parti du plus juste est celui du vainqueur ;
Et le dieu de la guerre est la seule valeur.
Il dit : et, d'un regard enflammé d'arrogance,
Il voit de son rival la modeste assurance.
    Mais la trompette sonne: ils s'élancent tous deux;
Ils commencent enfin ce combat dangereux.
Tout ce qu'ont pu jamais la valeur et l'adresse,
L'ardeur, la fermeté, la force, la souplesse,
Parut des deux côtés en ce choc éclatant.
Cent coups étaient portés et parés à l'instant.
Tantôt avec fureur l'un d'eux se précipite ;
L'autre d'un pas léger se détourne et l'évite :
Tantôt, plus rapprochés, ils semblent se saisir ;
Leur péril renaissant donne un affreux plaisir ;
On se plaît à les voir s'observer et se craindre,
Avancer, s'arrêter, se mesurer, s'atteindre:
Le fer étincelant, avec art détourné,
Par de feints mouvemens trompe l'œil étonné.
Telle on voit du soleil la lumière éclatante
Briser ses traits de feu dans l'onde transparente,
Et, se rompant encor par des chemins divers,
De ce cristal mouvant repasser dans les airs.
Le spectateur surpris, et ne pouvant le croire,
Voyait à tout moment leur chute et leur victoire.
D'Aumale est plus ardent, plus fort, plus furieux :
Turenne est plus adroit, moins impétueux ;
Maître de tous ses sens, animé sans colère ,

Il fatigue à loisir son terrible adversaire.
D'Aumale en vains efforts épuise sa vigueur,
Bientôt son bras lassé ne sert plus sa valeur.
Turénne, qui l'observe, aperçoit sa faiblesse ;
Il se ranime alors, il le pousse, il le presse :
Enfin, d'un coup mortel, il lui perce le flanc.
D'Aumale est renversé dans les flots de son sang ;
Il tombe ; et de l'enfer tous les monstres frémirent :
Ces lugubres accens dans les airs s'entendirent :
« De la ligue à jamais le trône est renversé ;
« Tu l'emportes, Bourbon ; notre règne est passé.»
Tout le peuple y répond par un cri lamentable.
D'Aumale sans vigueur, étendu sur le sable,
Menace encor Turenne, et le menace en vain,
Sa redoutable épée échappe de sa main.
Il veut parler ; sa voix expire dans sa bouche.
L'horreur d'être vaincu rend son air plus farouché.
Il se lève, il retombe, il ouvre un œil mourant,
Il regarde Paris, et meurt en soupirant.
Tu le vis expirer, infortuné Mayenne ;
Tu le vis ; tu frémis ; et ta chute prochaine
Dans ce moment affreux s'offrit à tes esprits.
    Cependant des soldats dans les murs de Paris
Rapportaient à pas lents le malheureux d'Aumale.
Ce spectacle sanglant, cette pompe fatale
Entre au milieu d'un peuple interdit, égaré :
Chacun voit, en tremblant, ce corps défiguré,
Ce front souillé de sang, cette bouche entr'ouverte ;
Cette tête penchée, et de poudre couverte,
Ces yeux où le trépas étale ses horreurs.
On n'entend point de cris, on ne voit point de pleurs ;
La honte, la pitié, l'abbattement, la crainte,
Etouffent leurs sanglots, et retiennent leur plainte,
Tout se tait, et tout tremble. Un bruit rempli d'horreur
Bientôt de ce silence augmente la terreur.
    Les cris des assiégeans jusqu'au ciel s'élevèrent ;
Les chefs et les soldats près du roi s'assemblèrent ;
Ils demandent l'assaut ; mais l'auguste Louis,
Protecteur des Français, protecteur de son fils,

Modérait de Henri le courage terrible.
Ainsi des élémens le moteur invisible
Contient les aquilons suspendus dans les airs,
Et pose la barrière où se brisent les mers :
Il fonde les cités, les disperse en ruines,
Et les cœurs des humains sont dans ses mains divines.
  Henri, de qui le ciel a reprimé l'ardeur,
Des guerriers qu'il gouverne enchaîne la fureur.
Il sentit qu'il aimait son ingrate patrie ;
Il voulut la sauver de sa propre furie.
Haï de ses sujets, prompt à les épargner,
Eux seuls voulaient se perdre ; il les voulut gagner.
Heureux si sa bonté, prévenant leur audace,
Forçait ces malheureux à lui demander grace !
Pouvant les emporter, il les fait investir ;
Il laisse à leur fureur le temps du repentir.
Il crut que, sans assauts, sans combats, sans alarmes,
La disette et la faim, plus fortes que ses armes,
Lui livreraient sans peine un peuple inanimé,
Nourri dans l'abondance, au luxe accoutumé ;
Qui, vaincu par ses maux, souple dans l'indigence,
Viendrait à ses genoux implorer sa clémence.
Mais le faux zèle, hélas ! qui ne saurait céder,
Enseigne à tout souffrir, comme à tout hasarder.
  Les mutins, qu'épargnait cette main vengeresse,
Prenaient d'un roi clément la vertu pour faiblesse ;
Et, fiers de ses bontés, oubliant sa valeur,
Ils défiaient leur maître, ils bravaient leur vainqueur ;
Ils osaient insulter à sa vengeance oisive.
  Mais lorsqu'enfin les eaux de la Seine captive
Cessèrent d'apporter dans ce vaste séjour
L'ordinaire tribut des moissons d'alentour ;
Quand on vit dans Paris la Faim pâle et cruelle
Montrant déja la Mort qui marchait après elle ;
Alors on entendit des hurlemens affreux ;
Ce superbe Paris fut plein de malheureux
De qui la main tremblante, et la voix affaiblie,
Demandaient vainement le soutien de leur vie.
Bientôt le riche même, après de vains efforts,

Eprouva la famine au milieu des trésors.
Ce n'étaient plus ces jeux, ces festins, et ces fêtes
Où de myrte et de rose ils couronnaient leurs têtes;
Où, parmi des plaisirs toujours trop peu goûtés,
Les vins les plus parfaits, les mets les plus vantés,
Sous des lambris dorés qu'habite la mollesse,
De leurs goûts dédaigneux irritaient la paresse.
On vit avec effroi tous ces voluptueux,
Pâles, défigurés, et la mort dans les yeux,
Périssant de misère au sein de l'opulence,
Détester de leurs biens l'inutile abondance.
Le vieillard, dont la faim va terminer les jours,
Voit son fils au berceau, qui périt sans secours.
Ici meurt dans la rage une famille entière.
Plus loin, des malheureux, couchés sur la poussière,
Se disputaient encore, à leurs derniers momens,
Les restes odieux des plus vils alimens.
Ces spectres affamés, outrageant la nature,
Vont au sein des tombeaux chercher leur nourriture.
Des morts épouvantés les ossemens poudreux,
Ainsi qu'un pur froment, sont préparés par eux.
Que n'osent point tenter les extrêmes misères !
On les vit se nourrir des cendres de leurs pères.
Ce détestable mets avança leur trépas,
Et ce repas pour eux fut le dernier repas.
   Ces prêtres, cependant, ces docteurs fanatiques,
Qui, loin de partager les misères publiques,
Bornant à leurs besoins tous leurs soins paternels,
Vivaient dans l'abondance, à l'ombre des autels,
Du Dieu qu'ils offensaient attestant la souffrance,
Allaient par-tout du peuple animer la constance.
Aux uns, à qui la mort allait fermer les yeux,
Leurs libérales mains ouvraient déjà les cieux :
Aux autres ils montraient, d'un coup-d'œil prophétique,
Le tonnerre allumé sur un prince hérétique,
Paris bientôt sauvé par des secours nombreux,
Et la manne du ciel prête à tomber pour eux.
Hélas ! ces vains appas, ces promesses stériles,
Charmaient ces malheureux, à tromper trop faciles.

Par les prêtres séduits, par les Seize effrayés,
Soumis, presque contens, ils mouraient à leurs pieds.
Trop heureux, en effet, d'abandonner la vie !
    D'un ramas d'étrangers la ville était rempli ;
Tigres, que nos aïeux nourrissaient dans leur sein :
Plus cruels que la mort, et la guerre, et la faim.
Les uns étaient venus des campagnes belgiques ;
Les autres, des rochers et des monts helvétiques,
Barbares, dont la guerre est l'unique métier,
Et qui vendent leur sang à qui veut le payer.
De ces nouveaux tyrans les avides cohortes
Assiégent les maisons, en enfoncent les portes,
Aux hôtes effrayés présentent mille morts,
Non pour leur arracher d'inutiles trésors,
Non pour aller ravir d'une main adultère,
Une fille éplorée à sa tremblante mère :
De la cruelle faim le besoin consumant
Fait expirer en eux tout autre sentiment ;
Et d'un peu d'alimens la découverte heureuse
Etait l'unique but de leur recherche affreuse.
Il n'est point de tourment, de supplice et d'horreur,
Que, pour en découvrir, n'inventât leur fureur.
    Une femme (grand Dieu ! faut-il à la mémoire
Conserver le récit de cette horrible histoire ?)
Une femme avait vu, par ces cœurs inhumains,
Un reste d'alimens arraché de ses mains.
Des biens que lui ravit la fortune cruelle,
Un enfant lui restait, près de périr comme elle :
Furieuse, elle approche, avec un coutelas,
De ce fils innocent qui lui tendait les bras ;
Son enfance, sa voix, sa misère, et ces charmes,
A sa mère en fureur arrachent mille larmes ;
Elle tourne sur lui son visage effrayé,
Plein d'amour, de regret, de rage, de pitié ;
Trois fois le fer échappe à sa main défaillante.
La rage enfin l'emporte, et d'une voix tremblante,
Détestant son hymen et sa fécondité :
Cher et malheureux fils, que mes flancs ont porté,
Dit-elle, c'est en vain que tu reçus la vie ;

s tyrans ou la faim l'auraient bientôt ravie.
t pourquoi vivrais-tu ! Pour aller dans Paris,
rrant et malheureux, pleurer sur ses débris ?
eurs, avant de sentir mes maux et ta misère :
ends-moi le jour, le sang, que t'a donné ta mère :
ue mon sein malheureux te serve de tombeau,
t que Paris du moins voie un crime nouveau.
n achevant ces mots, furieuse, égarée,
ans les flancs de son fils sa main désespérée
nfonce, en frémissant, le parricide acier ;
Porte le corps sanglant auprès de son foyer ;
t, d'un bras que poursuit la faim impitoyable,
Prépare avidement ce repas effroyable.
    Attiré par la faim, les farouches soldats
Dans ces coupables lieux reviennent sur leurs pas :
Leur transport est semblable à la cruelle joie
Des ours et des lions qui fondent sur leur proie ;
A l'envie l'un de l'autre ils courent en fureur,
Ils enfoncent la porte. O surprise ! ô terreur !
Près d'un corps tout sanglant à leurs yeux se présente
Une femme égarée, et de sang dégouttante.
Oui, c'est mon propre fils, oui, monstres inhumains,
C'est vous qui dans son sang avez trempé mes mains :
Que la mère et le fils vous servent de pâture :
Craignez-vous plus que moi d'outrager la nature ?
Quelle horreur, à mes yeux, semble vous glacer tous !
Tigres, de tels festins sont préparés pour vous.
Ce discours insensé, que sa rage prononce,
Est suivi d'un poignard qu'en son cœur elle enfonce.
De crainte, à ce spectacle, et d'horreur agités,
Ces monstres confondus courent épouvantés :
Ils n'osent regarder cette maison funeste ;
Ils pensent voir sur eux tomber le feu céleste ;
Et le peuple, effrayé de l'horreur de son sort,
Levait les mains au ciel, et demandoit la mort.
    Jusqu'aux tentes du roi mille bruits en coururent ;
Son cœur en fut touché, ses entrailles s'émurent ;
Sur ce peuple infidèle il répandit des pleurs :
O Dieu, s'écria-t-il, Dieu qui lis dans les cœurs,

Qui vois ce que je puis, qui connais ce que j'ose,
Des ligueurs et de moi tu sépares la cause.
Je puis lever vers toi mes innocentes mains;
Tu le sais, je tendais les bras à ces mutins.
Tu ne m'imputes point leurs malheurs et leurs crimes;
Que Mayenne, à son gré, s'immole à ces victimes;
Qu'il m'impute, s'il veut, des désastres si grands
A la nécessité, l'excuse des tyrans ;
De mes sujets séduits qu'il comble la misère ;
Il en est l'ennemi ; j'en dois être le père.
Je le suis ; c'est à moi de nourrir mes enfans,
Et d'arracher mon peuple à ces loups dévorans :
Dût-il de mes bienfaits s'armer contre moi-même,
Dussé-je, en le sauvant, perdre mon diadême,
Qu'il vive, je le veux, il n'importe à quel prix;
Sauvons-le, malgré lui, de ses vrais ennemis;
Et, si trop de pitié me coûte mon empire,
Que du moins sur ma tombe un jour on puisse lire:
« Henri, de ses sujets ennemi généreux,
« Aima mieux les sauver que de régner sur eux. »
    Il dit ; et dans l'instant il veut que son armée
Approche sans éclat de la ville affamée,
Qu'on porte aux citoyens des paroles de paix,
Et qu'au lieu de vengeance on parle de bienfaits.
A cet ordre divin ses troupes obéissent.
Les murs en ce moment, de peuples se remplissent:
On voit sur les remparts avancer à pas lents
Ces corps inanimés, livides et tremblans,
Tels qu'on feignait jadis que des royaumes sombres
Les mages à leur gré faisaient sortir les ombres,
Quand leur voix, du Cocyte arrêtant les torrens,
Appelait les enfers, et les mânes errans.
Quel est de ces mourans l'étonnement extrême !
Leur cruel ennemi vient les nourrir lui-même.
Tourmentés, déchirés par leurs fiers défenseurs,
Ils trouvent la pitié dans leurs persécuteurs.
Tous ces événemens leur semblaient incroyables.
Ils voyaient devant eux ces piques formidables,
Ces traits, ces instrumens des cruautés du sort,

Ces lances qui toujours avaient porté la mort,
Secondant de Henri la généreuse envie,
Au bout d'un fer sanglant leur apporter la vie.
Sont-ce là, disaient-ils, ces monstres si cruels?
Est-ce là ce tyran si terrible aux mortels,
Cet ennemi de Dieu, qu'on peint si plein de rage?
Hélas! du Dieu vivant c'est la brillante image;
C'est un roi bienfaisant, le modèle des rois;
Nous ne méritons pas de vivre sous ses lois.
Il triomphe, il pardonne, il chérit qui l'offense.
Puisse tout notre sang cimenter sa puissance!
Trop dignes du trépas dont il nous a sauvés,
Consacrons-lui ces jours qu'il nous a conservés.

De leurs cœurs attendris tel était le langage.
Mais qui peut s'assurer sur un peuple volage,
Dont la faible amitié s'exhale en vains discours,
Qui quelquefois s'élève, et retombe toujours?
Ces prêtres, dont cent fois la fatale éloquence
Ralluma tous ces feux qui consumaient la France,
Vont se montrer en pompe à ce peuple abattu.
« Combattans sans courage, et chrétiens sans vertu,
A quel indigne appât vous laissez-vous séduire?
Ne connaissez-vous plus les palmes du martyre?
Soldats du Dieu vivant, voulez-vous aujourd'hui
Vivre pour l'outrager, pouvant mourir pour lui?
Quand Dieu du haut des cieux nous montre la couronne,
Chrétiens, n'attendons pas qu'un tyran nous pardonne:
Dans sa coupable secte il veut nous réunir:
De ses propres bienfaits songeons à le punir.
Sauvons nos temples saints de son culte hérétique.»
C'est ainsi qu'ils parlaient; et leur voix fanatique,
Maîtresse du vil peuple, et redoutable aux rois,
Des bienfaits de Henri faisait taire la voix;
Et déjà quelques-uns, reprenant leur furie,
S'accusaient en secret de lui devoir la vie.

A travers ces clameurs et ces cris odieux,
La vertu de Henri pénétra dans les cieux.
Louis, qui, du plus haut de la voûte divine,
Veille sur les Bourbons, dont il est l'origine,

Connut qu'enfin les temps allaient être accomplis,
Et que le roi des rois adopterait son fils.
Aussitôt de son cœur il chassa les alarmes ;
La foi vint essuyer ses yeux mouillés de larmes,
Et la douce espérance, et l'amour paternel,
Conduisirent ses pas aux pieds de l'Eternel.
Au milieu des clartés d'un feu pur et durable,
Dieu mit, avant les temps, son trône inébranlable.
Le ciel est sous ses pieds ; de mille astres divers
Le cours, toujours réglé, l'annonce à l'univers.
La puissance, l'amour avec l'intelligence,
Unis et divisés composent son essence.
Ses saints, dans les douceurs d'une éternelle paix,
D'un torrent de plaisirs enivrés à jamais,
Pénétrés de sa gloire, et remplis de lui-même,
Adorent à l'envi sa majesté suprême.
Devant lui sont ces dieux, ces brûlans séraphins,
A qui de l'univers il commet les destins.
Il parle, et de la terre ils vont changer la face ;
Des puissances du siècle ils retranchent la race,
Tandis que les humains, vils jouets de l'erreur,
Des conseils éternels accusent la hauteur.
Ce sont eux dont la main, frappant Rome asservie,
Aux fiers enfans du nord a livré l'Italie,
L'Espagne aux Africains, Solyme aux Ottomans :
Tout empire est tombé, tout peuple eut ses tyrans.
Mais cette impénétrable et juste providence
Ne laisse pas toujours prospérer l'insolence ;
Quelquefois sa bonté, favorable aux humains,
Met le sceptre des rois dans d'innocentes mains.
Le père des Bourbons à ses yeux se présente,
Et lui parle en ces mots d'une voix gémissante:
Père de l'univers, si tes yeux quelquefois
Honorent d'un regard les peuples et les rois ;
Vois le peuple français à son prince rebelle ;
S'il viole tes lois, c'est pour t'être fidèle:
Aveuglé par son zèle, il te désobéit,
Et pense te venger, alors qu'il te trahit.
Vois ce roi triomphant, ce foudre de la guerre,

L'exemple, la terreur, et l'amour de la terre ;
Avec tant de vertus, n'as-tu formé son cœur
Que pour l'abandonner aux piéges de l'erreur ?
Faut-il que de tes mains le plus parfait ouvrage
A son Dieu qu'il adore offre un coupable hommage ?
Ah ! si du grand Henri ton culte est ignoré,
Par qui le roi des rois veut-il être adoré ?
Daigne éclairer ce cœur, créé pour te connaître :
Donne à l'église un fils, donne à la France un maître ;
Des ligueurs obstinés confonds les vains projets ;
Rends les sujets au prince, et le princeaux sujets :
Que tous les cœurs unis adorent ta justice,
Et t'offrent dans Paris le même sacrifice.

 L'Eternel à ses vœux se laissa pénétrer ;
Par un mot de sa bouche il daigna l'assurer.
A sa divine voix les astres s'ébranlèrent ;
La terre en tressaillit, les ligueurs en tremblèrent.
Le roi, qui dans le ciel avait mis son appui,
Sentit que le Très-Haut s'intéressait pour lui.

 Soudain la Vérité, si long-temps attendue,
Toujours chère aux humains, mais souvent inconnue,
Dans les tentes du rois descend du haut des cieux.
D'abord un voile épais la cache à tous les yeux :
De moment en moment, les ombres qui la couvrent
Cèdent à la clarté des feux qui les entr'ouvrent.
Bientôt elle se montre à ses yeux satisfaits,
Brillante d'un éclat qui n'éblouit jamais.

 Henri, dont le grand cœur était formé pour elle,
Voit, connaît, aime enfin sa lumière immortelle.
Il avoue, avec foi, que la religion
Est au-dessus de l'homme et confond la raison.
Il reconnaît l'église ici-bas combattue,
L'église toujours une, et par-tout étendue,
Libre, mais sous un chef, adorant en tout lieu,
Dans le bonheur des saints, la grandeur de son Dieu.
Le Christ, de nos péchés victime renaissante,
De ses élus chéris nourriture vivante,
Descend sur les autels à ses yeux éperdus,
Et lui découvre un Dieu sous un pain qui n'est plus.

Son cœur obéissant se soumet, s'abandonne
A ses mystères saints dont son esprit s'étonne.
    Louis, dans ce moment qui comble ses souhait
Louis, tenant en main l'olive de la paix,
Descend du haut des cieux vers le héros qu'il ai
Aux remparts de Paris il le conduit lui-même.
Les remparts ébranlés s'entr'ouvrent à sa voix ;
Il entre, au nom du Dieu qui fait régner les roi
Les ligueurs éperdus, et mettant bas leurs armes
Sont aux pieds de Bourbon, les baignent de leurs larme
Les prêtres sont muets ; les Seize, épouvantés,
En vain cherchent, pour fuir, des antres écartés.
Tout le peuple, changé dans ce jour salutaire,
Reconnaît son vrai roi, son vainqueur, et son pèr
    Dès-lors on admira ce règne fortuné,
Et commencé trop tard, et trop tôt terminé.
L'Autrichien trembla. Justement désarmée,
Rome adopta Bourbon, Rome s'en vit aimée.
La Discorde rentra dans l'éternelle nuit.
A reconnaître un roi Mayenne fut réduit ;
Et, soumettant enfin son cœur et ses provinces,
Fut le meilleur sujet du plus juste des princes.

FIN DU DIXIÈME ET DERNIER CHANT.

www.ingramcontent.com/pod-product-compliance
Lightning Source LLC
Chambersburg PA
CBHW051739090426
42738CB00010B/2332